I0150842

ÁRABE
VOCABULÁRIO

PORTUGUÊS
ÁRABE EGÍPCIO

Para alargar o seu léxico e apurar
as suas competências linguísticas

7000 palavras

Vocabulário Português Brasileiro-Árabe Egípcio - 7000 palavras
Por Andrey Taranov

Os vocabulários da T&P Books destinam-se a ajudar a aprender, a memorizar, e a rever palavras estrangeiras. O dicionário é dividido em temas, cobrindo todas as principais esferas de atividades quotidianas, negócios, ciência, cultura, etc.

O processo de aprendizagem, utilizando os dicionários baseados em temáticas da T&P Books dá-lhe as seguintes vantagens:

- Informação de origem corretamente agrupada predetermina o sucesso em fases subsequentes da memorização de palavras
- Disponibilização de palavras derivadas da mesma raiz, o que permite a memorização de unidades de texto (em vez de palavras separadas)
- Pequenas unidades de palavras facilitam o processo de estabelecimento de vínculos associativos necessários para a consolidação do vocabulário
- O nível de conhecimento da língua pode ser estimado pelo número de palavras aprendidas

T&P Books Publishing
www.tpbooks.com

ISBN: 978-1-78767-314-4

Este livro também está disponível em formato E-book.
Por favor visite www.tpbooks.com ou as principais livrarias on-line.

VOCABULÁRIO ÁRABE EGÍPCIO
palavras mais úteis

Os vocabulários da T&P Books destinam-se a ajudar a aprender, a memorizar, e a rever palavras estrangeiras. O vocabulário contém mais de 7000 palavras de uso comum organizadas tematicamente.

O vocabulário contém as palavras mais comummente usadas
Recomendado como adicional para qualquer curso de línguas
Satisfaz as necessidades dos iniciados e dos alunos avançados de línguas estrangeiras
Conveniente para o uso diário, sessões de revisão e atividades de auto-teste
Permite avaliar o seu vocabulário

Características especias do vocabulário

• As palavras estão organizadas de acordo com o seu significado, e não por ordem alfabética
• As palavras são apresentadas em três colunas para facilitar os processos de revisão e auto-teste
• As palavras compostas são divididas em pequenos blocos para facilitar o processo de aprendizagem
• O vocabulário oferece uma transcrição simples e adequada de cada palavra estrangeira

O vocabulário contém 198 tópicos incluindo:

Conceitos básicos, Números, Cores, Meses, Estações do ano, Unidades de medida, Roupas & Acessórios, Alimentos & Nutrição, Restaurante, Membros da Família, Parentes, Caráter, Sentimentos, Emoções, Doenças, Cidade, Passeios, Compras, Dinheiro, Casa, Lar, Escritório, Trabalho no Escritório, Importação & Exportação, Marketing, Pesquisa de Emprego, Esportes, Educação, Computador, Internet, Ferramentas, Natureza, Países, Nacionalidades e muito mais ...

TABELA DE CONTEÚDOS

GUIA DE PRONUNCIAÇÃO

Alfabeto fonético T&P	Exemplo Árabe Egípcio	Exemplo Português
[a]	[ṭaffa] طفَّى	chamar
[ā]	[eχtār] إختار	rapaz
[e]	[setta] ستّة	metal
[i]	[minā'] ميناء	sinônimo
[ī]	[ebrīl] إبريل	cair
[o]	[oγosṭos] أغسطس	lobo
[ō]	[ḥalazōn] حلزون	albatroz
[u]	[kalkutta] كلكتا	bonita
[ū]	[gamūs] جاموس	trabalho
[b]	[bedāya] بداية	barril
[d]	[sa'āda] سعادة	dentista
[ḍ]	[waḍ'] وضع	[d] faringealizaçāda
[ʒ]	[arʒantīn] الأرجنتين	talvez
[z]	[ẓahar] ظهر	[z] faringealizaçāda
[f]	[χafīf] خفيف	safári
[g]	[bahga] بهجة	gosto
[h]	[ettegāh] إتّجاه	[h] aspirada
[ḥ]	[ḥabb] حبّ	[h] faringealizaçāda
[y]	[dahaby] ذهبي	Vietnã
[k]	[korsy] كرسي	aquilo
[l]	[lammaḥ] لمّح	libra
[m]	[marṣad] مرصد	magnólia
[n]	[ganūb] جنوب	natureza
[p]	[kaputʃino] كابتشينو	presente
[q]	[wasaq] وثق	teckel
[r]	[roḥe] روح	riscar
[s]	[soχreya] سخرية	sanita
[ṣ]	[me'ṣam] معصم	[s] faringealizaçāda
[ʃ]	['aʃā'] عشاء	mês
[t]	[tanūb] تنوب	tulipa
[ṭ]	[χarīṭa] خريطة	[t] faringealizaçāda
[θ]	[mamūθ] ماموث	[s] - fricativa dental surda não-sibilante
[v]	[vietnām] فيتنام	fava
[w]	[wadda'] ودّع	página web
[χ]	[baχīl] بخيل	fricativa uvular surda
[γ]	[etγadda] إتغدّى	agora

Alfabeto fonético T&P	Exemplo Árabe Egípcio	Exemplo Português
[z]	[me'za] معزة	sésamo
['] (ayn)	[sab'a] سبعة	fricativa faríngea sonora
['] (hamza)	[sa'al] سأل	oclusiva glotal

ABREVIATURAS
usadas no vocabulário

Abreviaturas do Árabe Egípcio

du	-	substantivo plural (duplo)
f	-	nome feminino
m	-	nome masculino
pl	-	plural

Abreviaturas do Português

adj	-	adjetivo
adv	-	advérbio
anim.	-	animado
conj.	-	conjunção
desp.	-	esporte
etc.	-	Etcetera
ex.	-	por exemplo
f	-	nome feminino
f pl	-	feminino plural
fem.	-	feminino
inanim.	-	inanimado
m	-	nome masculino
m pl	-	masculino plural
m, f	-	masculino, feminino
masc.	-	masculino
mat.	-	matemática
mil.	-	militar
pl	-	plural
prep.	-	preposição
pron.	-	pronome
sb.	-	sobre
sing.	-	singular
v aux	-	verbo auxiliar
vi	-	verbo intransitivo
vi, vt	-	verbo intransitivo, transitivo
vr	-	verbo reflexivo
vt	-	verbo transitivo

CONCEITOS BÁSICOS

Conceitos básicos. Parte 1

1. Pronomes

eu	ana	أنا
você (masc.)	enta	أنت
você (fem.)	enty	أنت
ele	howwa	هوَّ
ela	hiya	هيَ
nós	eḥna	إحنا
vocês	antom	أنتم
eles, elas	hamm	هم

2. Cumprimentos. Saudações. Despedidas

Olá!	assalamu 'alaykum!	السلام عليكم!
Bom dia!	ṣabāḥ el xeyr!	صباح الخير!
Boa tarde!	neharak saʿīd!	نهارك سعيد!
Boa noite!	masā' el xeyr!	مساء الخير!
cumprimentar (vt)	sallem	سلّم
Oi!	ahlan!	أهلاً!
saudação (f)	salām (m)	سلام
saudar (vt)	sallem 'ala	سلّم على
Tudo bem?	ezzayek?	ازّيَك؟
E aí, novidades?	axbārak eyh?	أخبارك ايه؟
Tchau! Até logo!	maʿ el salāma!	مع السلامة!
Até breve!	aʃūfak orayeb!	أشوفك قريب
Adeus!	maʿ el salāma!	مع السلامة!
despedir-se (dizer adeus)	waddaʿ	ودّع
Até mais!	bay bay!	باي باي!
Obrigado! -a!	ʃokran!	شكراً!
Muito obrigado! -a!	ʃokran geddan!	شكراً جداً!
De nada	el 'afw	العفو
Não tem de quê	la ʃokr 'ala wāgeb	لا شكر على واجب
Não foi nada!	el 'afw	العفو
Desculpa!	'an eznak!	عن إذنك!
Desculpe!	baʿd ezn ḥadretak!	بعد إذن حضرتك!
desculpar (vt)	'azar	عذر
desculpar-se (vr)	e'tazar	أعتذر

Me desculpe	ana ʾāsef	أنا آسف
Desculpe!	ana ʾāsef!	أنا آسف!
perdoar (vt)	ʿafa	عفا
por favor	men faḍlak	من فضلك

Não se esqueça!	ma tensāʃ!	ما تنساش!
Com certeza!	ṭabʿan!	طبعاً!
Claro que não!	laʾ ṭabʿan!	لأ طبعاً!
Está bem! De acordo!	ettafaʾna!	إتفقنا!
Chega!	kefāya!	كفاية!

3. Números cardinais. Parte 1

zero	ṣefr	صفر
um	wāḥed	واحد
uma	waḥda	واحدة
dois	etneyn	إتنين
três	talāta	ثلاثة
quatro	arbaʿa	أربعة

cinco	χamsa	خمسة
seis	setta	ستّة
sete	sabʿa	سبعة
oito	tamanya	ثمانية
nove	tesʿa	تسعة

dez	ʿaʃara	عشرة
onze	ḥedāʃar	حداشر
doze	etnāʃar	إتناشر
treze	talattāʃar	تلاتّاشر
catorze	arbaʿtāʃer	أربعتاشر

quinze	χamastāʃer	خمستاشر
dezesseis	settāʃar	ستّاشر
dezessete	sabaʿtāʃar	سبعتاشر
dezoito	tamantāʃar	تمنتاشر
dezenove	tesʿatāʃar	تسعتاشر

vinte	ʿeʃrīn	عشرين
vinte e um	wāḥed we ʿeʃrīn	واحد وعشرين
vinte e dois	etneyn we ʿeʃrīn	إتنين وعشرين
vinte e três	talāta we ʿeʃrīn	ثلاثة وعشرين

trinta	talatīn	ثلاثين
trinta e um	wāḥed we talatīn	واحد وتلاتين
trinta e dois	etneyn we talatīn	إتنين وتلاتين
trinta e três	talāta we talatīn	ثلاثة وثلاثين

quarenta	arbeʿīn	أربعين
quarenta e um	wāḥed we arbeʿīn	واحد وأربعين
quarenta e dois	etneyn we arbeʿīn	إتنين وأربعين
quarenta e três	talāta we arbeʿīn	ثلاثة وأربعين
cinquenta	χamsīn	خمسين
cinquenta e um	wāḥed we χamsīn	واحد وخمسين

cinquenta e dois	etneyn we χamsīn	إتنين وخمسين
cinquenta e três	talāta we χamsīn	ثلاثة وخمسين
sessenta	settīn	ستّين
sessenta e um	wāḥed we settīn	واحد وستّين
sessenta e dois	etneyn we settīn	إتنين وستّين
sessenta e três	talāta we settīn	ثلاثة وستّين
setenta	sabʿīn	سبعين
setenta e um	wāḥed we sabʿīn	واحد وسبعين
setenta e dois	etneyn we sabʿīn	إتنين وسبعين
setenta e três	talāta we sabʿīn	ثلاثة وسبعين
oitenta	tamanīn	ثمانين
oitenta e um	wāḥed we tamanīn	واحد وثمانين
oitenta e dois	etneyn we tamanīn	إتنين وثمانين
oitenta e três	talāta we tamanīn	ثلاثة وثمانين
noventa	tesʿīn	تسعين
noventa e um	wāḥed we tesʿīn	واحد وتسعين
noventa e dois	etneyn we tesʿīn	إتنين وتسعين
noventa e três	talāta we tesʿīn	ثلاثة وتسعين

4. Números cardinais. Parte 2

cem	miya	ميّة
duzentos	meteyn	ميتين
trezentos	toltomiya	تلتميّة
quatrocentos	robʿomiya	ريعميّة
quinhentos	χomsomiya	خمسميّة
seiscentos	sotomiya	ستميّة
setecentos	sobʿomiya	سبعميّة
oitocentos	tomnomeʾa	ثمنمئة
novecentos	tosʿomiya	تسعميّة
mil	alf	ألف
dois mil	alfeyn	ألفين
três mil	talat ʾālāf	ثلاث آلاف
dez mil	ʿaʃaret ʾālāf	عشرة آلاف
cem mil	mīt alf	ميت ألف
um milhão	millyon (m)	مليون
um bilhão	millyār (m)	مليار

5. Números. Frações

fração (f)	kasr (m)	كسر
um meio	noṣṣ	نص
um terço	telt	ثلث
um quarto	robʿ	ربع
um oitavo	tomn	تمن
um décimo	ʿoʃr	عشر

| dois terços | teleyn | تلتين |
| três quartos | talātet arbā' | ثلاثة أرباع |

6. Números. Operações básicas

subtração (f)	ṭarḥ (m)	طرح
subtrair (vi, vt)	ṭaraḥ	طرح
divisão (f)	'esma (f)	قسمة
dividir (vt)	'asam	قسم

adição (f)	gam' (m)	جمع
somar (vt)	gama'	جمع
adicionar (vt)	gama'	جمع
multiplicação (f)	ḍarb (m)	ضرب
multiplicar (vt)	ḍarab	ضرب

7. Números. Diversos

algarismo, dígito (m)	raqam (m)	رقم
número (m)	'adad (m)	عدد
numeral (m)	'adady (m)	عددي
menos (m)	nā'eṣ (m)	ناقص
mais (m)	zā'ed (m)	زائد
fórmula (f)	mo'adla (f)	معادلة

cálculo (m)	ḥesāb (m)	حساب
contar (vt)	'add	عدّ
calcular (vt)	ḥasab	حسب
comparar (vt)	qāran	قارن

Quanto, -os, -as?	kām?	كام؟
soma (f)	magmū' (m)	مجموع
resultado (m)	natīga (f)	نتيجة
resto (m)	bā'y (m)	باقي

alguns, algumas …	kām	كام
pouco (~ tempo)	ʃewaya	شوية
resto (m)	el bā'y (m)	الباقي
um e meio	wāḥed w noṣṣ (m)	واحد ونصّ
dúzia (f)	desta (f)	دستة

ao meio	le noṣṣeyn	لنصّين
em partes iguais	bel tasāwy	بالتساوى
metade (f)	noṣṣ (m)	نصّ
vez (f)	marra (f)	مرّة

8. Os verbos mais importantes. Parte 1

| abrir (vt) | fataḥ | فتح |
| acabar, terminar (vt) | χallaṣ | خلّص |

aconselhar (vt)	naṣaḥ	نصح
adivinhar (vt)	χammen	خمن
advertir (vt)	ḥazzar	حذّر

ajudar (vt)	sā'ed	ساعد
almoçar (vi)	etγadda	إتغدّى
alugar (~ um apartamento)	est'gar	إستأجر
amar (pessoa)	ḥabb	حبّ
ameaçar (vt)	hadded	هدّد

anotar (escrever)	katab	كتب
apressar-se (vr)	esta'gel	إستعجل
arrepender-se (vr)	nedem	ندم
assinar (vt)	waqqa'	وقّع
brincar (vi)	hazzar	هزّر

brincar, jogar (vi, vt)	le'eb	لعب
buscar (vt)	dawwar 'ala	دوّر على
caçar (vi)	eṣṭād	اصطاد
cair (vi)	we'e'	وقع
cavar (vt)	ḥafar	حفر
chamar (~ por socorro)	estaγās	إستغاث

chegar (vi)	weṣel	وصل
chorar (vi)	baka	بكى
começar (vt)	bada'	بدأ
comparar (vt)	qāran	قارن
concordar (dizer "sim")	ettafa'	إتّفق

confiar (vt)	wasaq	وثق
confundir (equivocar-se)	etlaχbaṭ	إتلخبط
conhecer (vt)	'eref	عرف
contar (fazer contas)	'add	عدّ
contar com ...	e'tamad 'ala ...	إعتمد على...
continuar (vt)	wāṣel	واصل

controlar (vt)	et-ḥakkem	إتحكّم
convidar (vt)	'azam	عزم
correr (vi)	gery	جري
criar (vt)	'amal	عمل
custar (vt)	kallef	كلّف

9. Os verbos mais importantes. Parte 2

dar (vt)	edda	إدّى
dar uma dica	edda lamḥa	إدّى لمحة
decorar (enfeitar)	zayen	زيّن
defender (vt)	dāfa'	دافع
deixar cair (vt)	wa''a'	وقّع

descer (para baixo)	nezel	نزل
desculpar-se (vr)	e'tazar	إعتذر
dirigir (~ uma empresa)	adār	أدار
discutir (notícias, etc.)	nā'eʃ	ناقش

disparar, atirar (vi)	ḍarab bel nār	ضرب بالنار
dizer (vt)	ʾāl	قال
duvidar (vt)	ʃakk fe	شك في
encontrar (achar)	laʾa	لقى
enganar (vt)	χadaʿ	خدع
entender (vt)	fehem	فهم
entrar (na sala, etc.)	daχal	دخل
enviar (uma carta)	arsal	أرسل
errar (enganar-se)	ɣeleṭ	غلط
escolher (vt)	eχtār	إختار
esconder (vt)	χabba	خبّأ
escrever (vt)	katab	كتب
esperar (aguardar)	estanna	إستنّى
esperar (ter esperança)	tamanna	تمنّى
esquecer (vt)	nesy	نسي
estudar (vt)	daras	درس
exigir (vt)	ṭāleb	طالب
existir (vi)	kān mawgūd	كان موجود
explicar (vt)	ʃaraḥ	شرح
falar (vi)	kallem	كلّم
faltar (a la escuela, etc.)	ɣāb	غاب
fazer (vt)	ʿamal	عمل
ficar em silêncio	seket	سكت
gabar-se (vr)	tabāha	تباهى
gostar (apreciar)	ʿagab	عجب
gritar (vi)	ṣarraχ	صرّخ
guardar (fotos, etc.)	ḥafaẓ	حفظ
informar (vt)	ʾāl ly	قال لي
insistir (vi)	aṣarr	أصرّ
insultar (vt)	ahān	أهان
interessar-se (vr)	ehtamm be	إهتمّ بـ
ir (a pé)	meʃy	مشى
ir nadar	sebeḥ	سبح
jantar (vi)	etʿasʃa	إتعشى

10.   Os verbos mais importantes. Parte 3

ler (vt)	ʾara	قرأ
libertar, liberar (vt)	ḥarrar	حرّر
matar (vt)	ʾatal	قتل
mencionar (vt)	zakar	ذكر
mostrar (vt)	warra	ورّى
mudar (modificar)	ɣayar	غيّر
nadar (vi)	ʿām	عام
negar-se a … (vr)	rafaḍ	رفض
objetar (vt)	eʿtaraḍ	إعترض
observar (vt)	rāqab	راقب

ordenar (mil.)	amar	أمر
ouvir (vt)	seme'	سمع
pagar (vt)	dafa'	دفع
parar (vi)	wa''af	وقف

parar, cessar (vt)	baṭṭal	بطّل
participar (vi)	ʃārek	شارك
pedir (comida, etc.)	ṭalab	طلب
pedir (um favor, etc.)	ṭalab	طلب
pegar (tomar)	aχad	أخد

pegar (uma bola)	mesek	مسك
pensar (vi, vt)	fakkar	فكّر
perceber (ver)	lāḥaẓ	لاحظ
perdoar (vt)	'afa	عفا
perguntar (vt)	sa'al	سأل

permitir (vt)	samaḥ	سمح
pertencer a … (vi)	χaṣṣ	خص
planejar (vt)	χaṭṭeṭ	خطّط
poder (~ fazer algo)	'eder	قدر
possuir (uma casa, etc.)	malak	ملك

preferir (vt)	faḍḍal	فضّل
preparar (vt)	ḥaḍḍar	حضّر
prever (vt)	tanabba'	تنبّأ
prometer (vt)	wa'ad	وعد
pronunciar (vt)	naṭa'	نطق

propor (vt)	'araḍ	عرض
punir (castigar)	'āqab	عاقب
quebrar (vt)	kasar	كسر
queixar-se de …	ʃaka	شكا
querer (desejar)	'āyez	عايز

11. Os verbos mais importantes. Parte 4

ralhar, repreender (vt)	wabbeχ	وبّخ
recomendar (vt)	naṣaḥ	نصح
repetir (dizer outra vez)	karrar	كرّر
reservar (~ um quarto)	ḥagaz	حجز
responder (vt)	gāwab	جاوب

rezar, orar (vi)	ṣalla	صلّى
rir (vi)	ḍeḥek	ضحك
roubar (vt)	sara'	سرق
saber (vt)	'eref	عرف
sair (~ de casa)	χarag	خرج

salvar (resgatar)	anqaz	أنقذ
seguir (~ alguém)	tatabba'	تتبّع
sentar-se (vr)	'a'ad	قعد
ser necessário	maṭlūb	مطلوب
ser, estar	kān	كان

significar (vt)	'aṣad	قصد
sorrir (vi)	ebtasam	إبتسم
subestimar (vt)	estaχaff	إستخفّ
surpreender-se (vr)	etfāge'	إتفاجئ
tentar (~ fazer)	ḥāwel	حاول
ter (vt)	malak	ملك
ter fome	'āyez 'ākol	عايز آكل
ter medo	χāf	خاف
ter sede	'āyez aʃrab	عايز أشرب
tocar (com as mãos)	lamas	لمس
tomar café da manhã	feṭer	فطر
trabalhar (vi)	eʃtaɣal	إشتغل
traduzir (vt)	targem	ترجم
unir (vt)	waḥḥed	وحّد
vender (vt)	bā'	باع
ver (vt)	ʃāf	شاف
virar (~ para a direita)	ḥād	حاد
voar (vi)	ṭār	طار

12. Cores

cor (f)	lone (m)	لون
tom (m)	daraget el lōn (m)	درجة اللون
tonalidade (m)	ṣabɣet lōn (f)	صبغة اللون
arco-íris (m)	qose qozaḥ (m)	قوس قزح
branco (adj)	abyaḍ	أبيض
preto (adj)	aswad	أسود
cinza (adj)	romādy	رمادي
verde (adj)	aχḍar	أخضر
amarelo (adj)	aṣfar	أصفر
vermelho (adj)	aḥmar	أحمر
azul (adj)	azra'	أزرق
azul claro (adj)	azra' fāteḥ	أزرق فاتح
rosa (adj)	wardy	وردي
laranja (adj)	bortoqāly	برتقاليّ
violeta (adj)	banaffsegy	بنفسجيّ
marrom (adj)	bonny	بنّي
dourado (adj)	dahaby	ذهبي
prateado (adj)	feḍḍy	فضّي
bege (adj)	bɛːʒ	بيج
creme (adj)	'āgy	عاجيّ
turquesa (adj)	fayrūzy	فيروزي
vermelho cereja (adj)	aḥmar karazy	أحمر كرزي
lilás (adj)	laylaky	لَيْلكي
carmim (adj)	qormozy	قرمزي
claro (adj)	fāteḥ	فاتح

escuro (adj)	ɣāme'	غامق
vivo (adj)	zāhy	زاهي
de cor	melawwen	ملوّن
a cores	melawwen	ملوّن
preto e branco (adj)	abyaḍ we aswad	أبيض وأسوَد
unicolor (de uma só cor)	sāda	سادة
multicolor (adj)	mota'added el alwān	متعدّد الألوان

13. Questões

Quem?	mīn?	مين؟
O que?	eyh?	ايه؟
Onde?	feyn?	فين؟
Para onde?	feyn?	فين؟
De onde?	meneyn?	منين؟
Quando?	emta	امتى؟
Para quê?	'aʃān eyh?	عشان ايه؟
Por quê?	leyh?	ليه؟
Para quê?	l eyh?	لـ ليه؟
Como?	ezāy?	إزاي؟
Qual (~ é o problema?)	eyh?	ايه؟
Qual (~ deles?)	ayī?	أيّ؟
A quem?	le mīn?	لمين؟
De quem?	'an mīn?	عن مين؟
Do quê?	'an eyh?	عن ايه؟
Com quem?	ma' mīn?	مع مين؟
Quanto, -os, -as?	kām?	كام؟
De quem? (masc.)	betā'et mīn?	بتاعت مين؟

14. Palavras funcionais. Advérbios. Parte 1

Onde?	feyn?	فين؟
aqui	hena	هنا
lá, ali	henāk	هناك
em algum lugar	fe makānen ma	في مكان ما
em lugar nenhum	meʃ fi ayī makān	مش في أيّ مكان
perto de ...	ganb	جنب
perto da janela	ganb el ʃebbāk	جنب الشبّاك
Para onde?	feyn?	فين؟
aqui	hena	هنا
para lá	henāk	هناك
daqui	men hena	من هنا
de lá, dali	men henāk	من هناك
perto	'arīb	قريب
longe	be'īd	بعيد

perto de ...	'and	عند
à mão, perto	'arīb	قريب
não fica longe	meʃ be'īd	مش بعيد
esquerdo (adj)	el ʃemāl	الشمال
à esquerda	'alal ʃemāl	على الشمال
para a esquerda	lel ʃemāl	للشمال
direito (adj)	el yemīn	اليمين
à direita	'alal yemīn	على اليمين
para a direita	lel yemīn	لليمين
em frente	'oddām	قدّام
da frente	amāmy	أمامي
adiante (para a frente)	ela el amām	إلى الأمام
atrás de ...	wara'	وراء
de trás	men wara	من وَرا
para trás	le wara	لوَرا
meio (m), metade (f)	wasaṭ (m)	وسط
no meio	fel wasat	في الوسط
do lado	'ala ganb	على جنب
em todo lugar	fe kol makān	في كل مكان
por todos os lados	ḥawaleyn	حوالين
de dentro	men gowwah	من جوّه
para algum lugar	le 'ayī makān	لأي مكان
diretamente	'ala ṭūl	على طول
de volta	rogū'	رجوع
de algum lugar	men ayī makān	من أيّ مكان
de algum lugar	men makānen mā	من مكان ما
em primeiro lugar	awwalan	أوّلاً
em segundo lugar	sāneyan	ثانياً
em terceiro lugar	sālesan	ثالثاً
de repente	fag'a	فجأة
no início	fel bedāya	في البداية
pela primeira vez	le 'awwel marra	لأوّل مرّة
muito antes de ...	'abl ... be modda ṭawīla	قبل... بمدة طويلة
de novo	men gedīd	من جديد
para sempre	lel abad	للأبد
nunca	abadan	أبداً
de novo	tāny	تاني
agora	delwa'ty	دلوقتي
frequentemente	ketīr	كثير
então	wa'taha	وقتها
urgentemente	'ala ṭūl	على طول
normalmente	'ādatan	عادة
a propósito, ...	'ala fekra ...	على فكرة...
é possível	momken	ممكن

provavelmente	momken	ممكن
talvez	momken	ممكن
além disso, ...	bel eḏāfa ela ...	بالإضافة إلى...
por isso ...	'aʃān keda	عشان كده
apesar de ...	bel raɣm men ...	بالرغم من...
graças a ...	be faḏl ...	بفضل...

que (pron.)	elly	إللي
que (conj.)	ennu	إنّه
algo	ḥāga (f)	حاجة
alguma coisa	ayī ḥāga (f)	أيّ حاجة
nada	wala ḥāga	ولا حاجة

quem	elly	إللي
alguém (~ que ...)	ḥadd	حدّ
alguém (com ~)	ḥadd	حدّ

ninguém	wala ḥadd	ولا حدّ
para lugar nenhum	meʃ le wala makān	مش لـ ولا مكان
de ninguém	wala ḥadd	ولا حدّ
de alguém	le ḥadd	لحدّ

tão	geddan	جداً
também (gostaria ~ de ...)	kamān	كمان
também (~ eu)	kamān	كمان

15. Palavras funcionais. Advérbios. Parte 2

Por quê?	leyh?	ليه؟
por alguma razão	le sabeben ma	لسبب ما
porque ...	'aʃān ...	عشان ...
por qualquer razão	le hadafen mā	لهدف ما

e (tu ~ eu)	w	و
ou (ser ~ não ser)	walla	وَلَّا
mas (porém)	bass	بسّ
para (~ a minha mãe)	'aʃān	عشان

muito, demais	ketīr geddan	كتير جداً
só, somente	bass	بسّ
exatamente	bel ḏabṭ	بالضبط
cerca de (~ 10 kg)	naḥw	نحو

aproximadamente	naḥw	نحو
aproximado (adj)	taqrīby	تقريبي
quase	ta'rīban	تقريباً
resto (m)	el bā'y (m)	الباقي

cada (adj)	koll	كلّ
qualquer (adj)	ayī	أيّ
muito, muitos, muitas	ketīr	كتير
muitas pessoas	nās ketīr	ناس كتير
todos	koll el nās	كلّ الناس
em troca de ...	fi moqābel ...	... في مقابل

em troca	fe moqābel	في مقابل
à mão	bel yad	باليد
pouco provável	bel kād	بالكاد
provavelmente	momken	ممكن
de propósito	bel 'aṣd	بالقصد
por acidente	bel ṣodfa	بالصدفة
muito	'awy	قوي
por exemplo	masalan	مثلا
entre	beyn	بين
entre (no meio de)	wesṭ	وسط
tanto	ketīr	كتير
especialmente	χāṣṣa	خاصّة

Conceitos básicos. Parte 2

16. Opostos

rico (adj)	ɣany	غني
pobre (adj)	faˈīr	فقير
doente (adj)	marīḍ	مريض
bem (adj)	salīm	سليم
grande (adj)	kebīr	كبير
pequeno (adj)	ṣaɣīr	صغير
rapidamente	bosorʻa	بسرعة
lentamente	bo boṭʼ	ببطء
rápido (adj)	sareeʻ	سريع
lento (adj)	baṭīʼ	بطيء
alegre (adj)	farḥān	فرحان
triste (adj)	ḥazīn	حزين
juntos (ir ~)	maʻ baʻḍ	مع بعض
separadamente	le waḥdo	لوحده
em voz alta (ler ~)	beṣote ʻāly	بصوت عالي
para si (em silêncio)	beṣamt	بصمت
alto (adj)	ʻāly	عالي
baixo (adj)	wāṭy	واطي
profundo (adj)	ʻamīq	عميق
raso (adj)	ḍaḥl	ضحل
sim	aywa	أيوه
não	laʼ	لأ
distante (adj)	beˈīd	بعيد
próximo (adj)	ʼarīb	قريب
longe	beˈīd	بعيد
à mão, perto	ʼarīb	قريب
longo (adj)	ṭawīl	طويل
curto (adj)	ʼaṣīr	قصير
bom (bondoso)	ṭayeb	طيّب
mal (adj)	ʃerrīr	شرير
casado (adj)	metgawwez	متجوّز

solteiro (adj)	aʻzab	أعزب
proibir (vt)	manaʻ	منع
permitir (vt)	samaḥ	سمح
fim (m)	nehāya (f)	نهاية
início (m)	bedāya (f)	بداية
esquerdo (adj)	el ʃemāl	الشمال
direito (adj)	el yemīn	اليمين
primeiro (adj)	awwel	أوّل
último (adj)	ʼāχer	آخر
crime (m)	garīma (f)	جريمة
castigo (m)	ʻeqāb (m)	عقاب
ordenar (vt)	amar	أمر
obedecer (vt)	ṭāʻ	طاع
reto (adj)	mostaqīm	مستقيم
curvo (adj)	monḥany	منحني
paraíso (m)	el ganna (f)	الجنّة
inferno (m)	el gaḥīm (f)	الجحيم
nascer (vi)	etwalad	إتوّلد
morrer (vi)	māt	مات
forte (adj)	ʼawy	قوّي
fraco, débil (adj)	ḍaʻīf	ضعيف
velho, idoso (adj)	ʻagūz	عجوز
jovem (adj)	ʃāb	شاب
velho (adj)	ʼadīm	قديم
novo (adj)	gedīd	جديد
duro (adj)	ṣalb	صلب
macio (adj)	ṭary	طري
quente (adj)	dāfy	دافي
frio (adj)	bāred	بارد
gordo (adj)	teχīn	تخين
magro (adj)	rofayaʻ	رفيّع
estreito (adj)	ḍayeʼ	ضيّق
largo (adj)	wāseʻ	واسع
bom (adj)	kewayes	كويّس
mau (adj)	weḥeʃ	وحش
valente, corajoso (adj)	ʃogāʻ	شجاع
covarde (adj)	gabān	جبان

17. Dias da semana

segunda-feira (f)	el etneyn (m)	الإتنين
terça-feira (f)	el talāt (m)	التلات
quarta-feira (f)	el arbe'ā' (m)	الأربعاء
quinta-feira (f)	el χamīs (m)	الخميس
sexta-feira (f)	el gom'a (m)	الجمعة
sábado (m)	el sabt (m)	السبت
domingo (m)	el aḥad (m)	الأحد
hoje	el naharda	النهارده
amanhã	bokra	بكرة
depois de amanhã	ba'd bokra (m)	بعد بكرة
ontem	embāreḥ	امبارح
anteontem	awwel embāreḥ	أوّل امبارح
dia (m)	yome (m)	يوم
dia (m) de trabalho	yome 'amal (m)	يوم عمل
feriado (m)	agāza rasmiya (f)	أجازة رسمية
dia (m) de folga	yome el agāza (m)	يوم أجازة
fim (m) de semana	nehāyet el osbū' (f)	نهاية الأسبوع
o dia todo	ṭūl el yome	طول اليوم
no dia seguinte	fel yome elly ba'dīh	في اليوم اللي بعديه
há dois dias	men yomeyn	من يومين
na véspera	fel yome elly 'ablo	في اليوم اللي قبله
diário (adj)	yawmy	يومي
todos os dias	yawmiyan	يومياً
semana (f)	osbū' (m)	أسبوع
na semana passada	el esbū' elly fāt	الأسبوع اللي فات
semana que vem	el esbū' elly gayī	الأسبوع اللي جاي
semanal (adj)	osbū'y	أسبوعي
toda semana	osbū'iyan	أسبوعياً
duas vezes por semana	marreteyn fel osbū'	مرّتين في الأسبوع
toda terça-feira	koll solasā'	كل ثلاثاء

18. Horas. Dia e noite

manhã (f)	ṣobḥ (m)	صبح
de manhã	fel ṣobḥ	في الصبح
meio-dia (m)	ẓohr (m)	ظهر
à tarde	ba'd el ḍohr	بعد الظهر
tardinha (f)	leyl (m)	ليل
à tardinha	bel leyl	بالليل
noite (f)	leyl (m)	ليل
à noite	bel leyl	بالليل
meia-noite (f)	noṣṣ el leyl (m)	نصّ الليل
segundo (m)	sanya (f)	ثانية
minuto (m)	deΤa (f)	دقيقة
hora (f)	sā'a (f)	ساعة

meia hora (f)	noṣṣ sā'a (m)	نصّ ساعة
quarto (m) de hora	rob' sā'a (f)	ربع ساعة
quinze minutos	χamastāʃer deT̄a	خمستاشر دقيقة
vinte e quatro horas	arba'a we 'eʃrīn sā'a	أربعة وعشرين ساعة

nascer (m) do sol	ʃorū' el ʃams (m)	شروق الشمس
amanhecer (m)	fagr (m)	فجر
madrugada (f)	ṣobḥ badry (m)	صبح بدري
pôr-do-sol (m)	γorūb el ʃams (m)	غروب الشمس

de madrugada	el ṣobḥ badry	الصبح بدري
esta manhã	el naharda el ṣobḥ	النهاردة الصبح
amanhã de manhã	bokra el ṣobḥ	بكرة الصبح

esta tarde	el naharda ba'd el ḍohr	النهاردة بعد الظهر
à tarde	ba'd el ḍohr	بعد الظهر
amanhã à tarde	bokra ba'd el ḍohr	بكرة بعد الظهر

| esta noite, hoje à noite | el naharda bel leyl | النهاردة بالليل |
| amanhã à noite | bokra bel leyl | بكرة بالليل |

às três horas em ponto	es sā'a talāta bel ḍabṭ	الساعة تلاتة بالضبط
por volta das quatro	es sā'a arba'a ta'rīban	الساعة أربعة تقريبا
às doze	ḥatt es sā'a etnāʃar	حتى الساعة إتناشر
em vinte minutos	fe χelāl 'eʃrīn de'ee'a	في خلال عشرين دقيقة
em uma hora	fe χelāl sā'a	في خلال ساعة
a tempo	fe maw'edo	في موعده

... um quarto para	ella rob'	إلّا ربع
dentro de uma hora	χelāl sā'a	خلال ساعة
a cada quinze minutos	koll rob' sā'a	كلّ ربع ساعة
as vinte e quatro horas	leyl nahār	ليل نهار

19. Meses. Estações

janeiro (m)	yanāyer (m)	يناير
fevereiro (m)	febrāyer (m)	فبراير
março (m)	māres (m)	مارس
abril (m)	ebrīl (m)	إبريل
maio (m)	māyo (m)	مايو
junho (m)	yonyo (m)	يونيو

julho (m)	yolyo (m)	يوليو
agosto (m)	oγosṭos (m)	أغسطس
setembro (m)	sebtamber (m)	سبتمبر
outubro (m)	oktober (m)	أكتوبر
novembro (m)	november (m)	نوفمبر
dezembro (m)	desember (m)	ديسمبر

primavera (f)	rabee' (m)	ربيع
na primavera	fel rabee'	في الربيع
primaveril (adj)	rabee'y	ربيعي
verão (m)	ṣeyf (m)	صيف
no verão	fel ṣeyf	في الصيف

de verão	şeyfy	صيفي
outono (m)	χarīf (m)	خريف
no outono	fel χarīf	في الخريف
outonal (adj)	χarīfy	خريفي

inverno (m)	ʃetā' (m)	شتاء
no inverno	fel ʃetā'	في الشتاء
de inverno	ʃetwy	شتويّ

mês (m)	ʃahr (m)	شهر
este mês	fel ʃahr da	في الشهر ده
mês que vem	el ʃahr el gayī	الشهر الجايّ
no mês passado	el ʃahr elly fāt	الشهر اللي فات

um mês atrás	men ʃahr	من شهر
em um mês	ba'd ʃahr	بعد شهر
em dois meses	ba'd ʃahreyn	بعد شهرين
todo o mês	el ʃahr kollo	الشهر كلّه
um mês inteiro	ţawāl el ʃahr	طوال الشهر

mensal (adj)	ʃahry	شهري
mensalmente	ʃahry	شهري
todo mês	koll ʃahr	كلّ شهر
duas vezes por mês	marreteyn fel ʃahr	مرّتين في الشهر

ano (m)	sana (f)	سنة
este ano	el sana di	السنة دي
ano que vem	el sana el gaya	السنة الجايّة
no ano passado	el sana elly fātet	السنة اللي فاتت

há um ano	men sana	من سنة
em um ano	ba'd sana	بعد سنة
dentro de dois anos	ba'd sanateyn	بعد سنتين
todo o ano	el sana kollaha	السنة كلّها
um ano inteiro	ţūl el sana	طول السنة

cada ano	koll sana	كلّ سنة
anual (adj)	sanawy	سنويّ
anualmente	koll sana	كلّ سنة
quatro vezes por ano	arba' marrāt fel sana	أربع مرات في السنة

data (~ de hoje)	tarīχ (m)	تاريخ
data (ex. ~ de nascimento)	tarīχ (m)	تاريخ
calendário (m)	natīga (f)	نتيجة

meio ano	noşş sana	نصّ سنة
seis meses	settet aʃ-hor (f)	ستّة أشهر
estação (f)	faşl (m)	فصل
século (m)	qarn (m)	قرن

20. Tempo. Diversos

| tempo (m) | wa't (m) | وقت |
| momento (m) | laḥza (f) | لحظة |

instante (m)	laḥza (f)	لحظة
instantâneo (adj)	laḥza	لحظة
lapso (m) de tempo	fatra (f)	فترة
vida (f)	ḥayah (f)	حياة
eternidade (f)	abadiya (f)	أبديّة

época (f)	'ahd (m)	عهد
era (f)	'aṣr (m)	عصر
ciclo (m)	dawra (f)	دورة
período (m)	fatra (f)	فترة
prazo (m)	fatra (f)	فترة

futuro (m)	el mostaqbal (m)	المستقبل
futuro (adj)	elly gayī	اللي جاي
da próxima vez	el marra el gaya	المرّة الجايّة
passado (m)	el māḍy (m)	الماضي
passado (adj)	elly fāt	اللي فات
na última vez	el marra elly fātet	المرّة اللي فاتت
mais tarde	ba'deyn	بعدين
depois de ...	ba'd	بعد
atualmente	el ayām di	الأيام دي
agora	delwa'ty	دلوقتي
imediatamente	ḥālan	حالاً
em breve	'arīb	قريب
de antemão	mo'addaman	مقدّماً

há muito tempo	men zamān	من زمان
recentemente	men 'orayeb	من قريّب
destino (m)	maṣīr (m)	مصير
recordações (f pl)	zekra (f)	زكرى
arquivo (m)	arʃīf (m)	أرشيف
durante ...	esnā'...	إثناء...
durante muito tempo	modda ṭawīla	مدّة طويلة
pouco tempo	le fatra 'aṣīra	لفترة قصيرة
cedo (levantar-se ~)	badry	بدري
tarde (deitar-se ~)	met'akxer	متأخّر

para sempre	lel abad	للأبد
começar (vt)	bada'	بدأ
adiar (vt)	aggel	أجّل

ao mesmo tempo	fe nafs el waqt	في نفس الوقت
permanentemente	be ʃakl dā'em	بشكل دائم
constante (~ ruído, etc.)	mostamerr	مستمرّ
temporário (adj)	mo'akkatan	مؤقّتاً

às vezes	sa'āt	ساعات
raras vezes, raramente	nāderan	نادراً
frequentemente	ketīr	كثير

21. Linhas e formas

quadrado (m)	morabba' (m)	مربّع
quadrado (adj)	morabba'	مربّع

círculo (m)	dayra (f)	دايرة
redondo (adj)	medawwar	مدور
triângulo (m)	mosallas (m)	مثلث
triangular (adj)	mosallasy el ʃakl	مثلثي الشكل

oval (f)	bayḍawy (m)	بيضوي
oval (adj)	bayḍawy	بيضوي
retângulo (m)	mostaṭīl (m)	مستطيل
retangular (adj)	mostaṭīly	مستطيلي

pirâmide (f)	haram (m)	هرم
losango (m)	moʿayen (m)	معين
trapézio (m)	ʃebh el monharef (m)	شبه المنحرف
cubo (m)	mokaʿab (m)	مكعب
prisma (m)	manʃūr (m)	منشور

circunferência (f)	mohīṭ monhany moɣlaq (m)	محيط منحني مغلق
esfera (f)	kora (f)	كرة
globo (m)	kora (f)	كرة
diâmetro (m)	qaṭr (m)	قطر
raio (m)	noṣṣ qaṭr (m)	نص قطر
perímetro (m)	mohīṭ (m)	محيط
centro (m)	wasaṭ (m)	وسط

horizontal (adj)	ofoqy	أفقي
vertical (adj)	ʿamūdy	عمودي
paralela (f)	motawāz (m)	متواز
paralelo (adj)	motawāzy	متوازي

linha (f)	xaṭṭ (m)	خط
traço (m)	haraka (m)	حركة
reta (f)	xaṭṭ mostaqīm (m)	خط مستقيم
curva (f)	xaṭṭ monhany (m)	خط منحني
fino (linha ~a)	rofayaʿ	رفيع
contorno (m)	kontūr (m)	كنتور

interseção (f)	taqāṭoʿ (m)	تقاطع
ângulo (m) reto	zawya mostaqīma (f)	زاوية مستقيمة
segmento (m)	ʼeṭʿa (f)	قطعة
setor (m)	qaṭāʿ (m)	قطاع
lado (de um triângulo, etc.)	gāneb (m)	جانب
ângulo (m)	zawya (f)	زاوية

22. Unidades de medida

peso (m)	wazn (m)	وزن
comprimento (m)	ṭūl (m)	طول
largura (f)	ʿarḍ (m)	عرض
altura (f)	ertefāʿ (m)	إرتفاع
profundidade (f)	ʿomq (m)	عمق
volume (m)	hagm (m)	حجم
área (f)	mesāha (f)	مساحة
grama (m)	gram (m)	جرام
miligrama (m)	milligrām (m)	مليغرام

quilograma (m)	kilogrām (m)	كيلوغرام
tonelada (f)	ṭenn (m)	طنّ
libra (453,6 gramas)	reṭl (m)	رطل
onça (f)	onṣa (f)	أونصة
metro (m)	metr (m)	متر
milímetro (m)	millimetr (m)	مليمتر
centímetro (m)	santimetr (m)	سنتيمتر
quilômetro (m)	kilometr (m)	كيلومتر
milha (f)	mīl (m)	ميل
polegada (f)	boṣa (f)	بوصة
pé (304,74 mm)	'adam (m)	قدم
jarda (914,383 mm)	yarda (f)	ياردة
metro (m) quadrado	metr morabba' (m)	متر مربّع
hectare (m)	hektār (m)	هكتار
litro (m)	litre (m)	لتر
grau (m)	daraga (f)	درجة
volt (m)	volt (m)	فولت
ampère (m)	ambere (m)	أمبير
cavalo (m) de potência	ḥoṣān (m)	حصان
quantidade (f)	kemiya (f)	كمّية
um pouco de ...	ʃewayet ...	شوية...
metade (f)	noṣṣ (m)	نصّ
dúzia (f)	desta (f)	دستة
peça (f)	waḥda (f)	وحدة
tamanho (m), dimensão (f)	ḥagm (m)	حجم
escala (f)	me'yās (m)	مقياس
mínimo (adj)	el adna	الأدنى
menor, mais pequeno	el aṣyar	الأصغر
médio (adj)	motawasseṭ	متوّسط
máximo (adj)	el aqṣa	الأقصى
maior, mais grande	el akbar	الأكبر

23. Recipientes

pote (m) de vidro	barṭamān (m)	برطمان
lata (~ de cerveja)	kanz (m)	كانز
balde (m)	gardal (m)	جردل
barril (m)	barmīl (m)	برميل
bacia (~ de plástico)	ḥoḍe lel yasīl (m)	حوض للغسيل
tanque (m)	ҳazzān (m)	خزّان
cantil (m) de bolso	zamzamiya (f)	زمزمّية
galão (m) de gasolina	ʒerken (m)	جركن
cisterna (f)	ҳazzān (m)	خزّان
caneca (f)	mugg (m)	ماجّ
xícara (f)	fengān (m)	فنجان

pires (m)	ṭaba' fengān (m)	طبق فنجان
copo (m)	kobbāya (f)	كوباية
taça (f) de vinho	kāsa (f)	كاسة
panela (f)	ḥalla (f)	حلة

| garrafa (f) | ezāza (f) | إزازة |
| gargalo (m) | 'onq (m) | عنق |

jarra (f)	dawra' zogāgy (m)	دورق زجاجي
jarro (m)	ebrī' (m)	إبريق
recipiente (m)	we'ā' (m)	وعاء
pote (m)	aṣīṣ (m)	أصيص
vaso (m)	vāza (f)	فازة

frasco (~ de perfume)	ezāza (f)	إزازة
frasquinho (m)	ezāza (f)	إزازة
tubo (m)	anbūba (f)	أنبوبة

saco (ex. ~ de açúcar)	kīs (m)	كيس
sacola (~ plastica)	kīs (m)	كيس
maço (de cigarros, etc.)	'elba (f)	علبة

caixa (~ de sapatos, etc.)	'elba (f)	علبة
caixote (~ de madeira)	ṣandū' (m)	صندوق
cesto (m)	salla (f)	سلة

24. Materiais

material (m)	madda (f)	مادّة
madeira (f)	ҳaʃab (m)	خشب
de madeira	ҳaʃaby	خشبي

| vidro (m) | ezāz (m) | إزاز |
| de vidro | ezāz | إزاز |

| pedra (f) | ḥagar (m) | حجر |
| de pedra | ḥagary | حجري |

| plástico (m) | blastik (m) | بلاستيك |
| plástico (adj) | men el blastik | من البلاستيك |

| borracha (f) | maṭṭāṭ (m) | مطّاط |
| de borracha | maṭṭāṭy | مطّاطي |

| tecido, pano (m) | 'omāʃ (m) | قماش |
| de tecido | men el 'omāʃ | من القماش |

| papel (m) | wara' (m) | ورق |
| de papel | wara'y | ورقي |

papelão (m)	kartōn (m)	كرتون
de papelão	kartony	كرتوني
polietileno (m)	bolyetylen (m)	بولي إيثيلين
celofane (m)	sellofān (m)	سيلوفان

madeira (f) compensada	ablakāʃ (m)	أبلكاش
porcelana (f)	borsalīn (m)	بورسلين
de porcelana	men el borsalīn	من البورسلين
argila (f), barro (m)	ṭīn (m)	طين
de barro	fokχāry	فخَاري
cerâmica (f)	seramīk (m)	سيراميك
de cerâmica	men el seramik	من السيراميك

25. Metais

metal (m)	maʿdan (m)	معدن
metálico (adj)	maʿdany	معدني
liga (f)	sebīka (f)	سبيكة
ouro (m)	dahab (m)	ذهب
de ouro	dahaby	ذهبي
prata (f)	faḍḍa (f)	فضَّة
de prata	feḍḍy	فضّي
ferro (m)	ḥadīd (m)	حديد
de ferro	ḥadīdy	حديدي
aço (m)	fulāz (m)	فولاذ
de aço (adj)	folāzy	فولاذي
cobre (m)	neḥās (m)	نحاس
de cobre	neḥāsy	نحاسي
alumínio (m)	aluminyum (m)	الومينيوم
de alumínio	aluminyum	الومينيوم
bronze (m)	bronze (m)	برونز
de bronze	bronzy	برونزي
latão (m)	neḥās aṣfar (m)	نحاس أصفر
níquel (m)	nikel (m)	نيكل
platina (f)	blatīn (m)	بلاتين
mercúrio (m)	zeʾbaq (m)	زئبق
estanho (m)	ʾaṣdīr (m)	قصدير
chumbo (m)	roṣāṣ (m)	رصاص
zinco (m)	zink (m)	زنك

O SER HUMANO

O ser humano. O corpo

26. Humanos. Conceitos básicos

ser (m) humano	ensān (m)	إنسان
homem (m)	rāgel (m)	راجل
mulher (f)	set (f)	ست
criança (f)	ṭefl (m)	طفل
menina (f)	bent (f)	بنت
menino (m)	walad (m)	ولد
adolescente (m)	morāheq (m)	مراهق
velho (m)	'agūz (m)	عجوز
velha (f)	'agūza (f)	عجوزة

27. Anatomia humana

organismo (m)	'oḍw (m)	عضو
coração (m)	'alb (m)	قلب
sangue (m)	damm (m)	دم
artéria (f)	ʃeryān (m)	شريان
veia (f)	'er' (m)	عرق
cérebro (m)	mokx (m)	مخ
nervo (m)	'aṣab (m)	عصب
nervos (m pl)	a'ṣāb (pl)	أعصاب
vértebra (f)	faqra (f)	فقرة
coluna (f) vertebral	'amūd faqry (m)	عمود فقري
estômago (m)	me'da (f)	معدة
intestinos (m pl)	am'ā' (pl)	أمعاء
intestino (m)	ma'y (m)	معي
fígado (m)	kebd (f)	كبد
rim (m)	kelya (f)	كلية
osso (m)	'aḍm (m)	عظم
esqueleto (m)	haykal 'azmy (m)	هيكل عظمي
costela (f)	ḍel' (m)	ضلع
crânio (m)	gomgoma (f)	جمجمة
músculo (m)	'aḍala (f)	عضلة
bíceps (m)	biseps (f)	بايسبس
tríceps (m)	triseps (f)	ترايسبس
tendão (m)	watar (m)	وتر
articulação (f)	mefṣal (m)	مفصل

pulmões (m pl)	re'ateyn (du)	رئتين
órgãos (m pl) genitais	a'ḍā' tanasoliya (pl)	أعضاء تناسلية
pele (f)	boʃra (m)	بشرة

28. Cabeça

cabeça (f)	ra's (m)	رأس
rosto, cara (f)	weʃ (m)	وش
nariz (m)	manaχīr (m)	مناخير
boca (f)	bo' (m)	بوء

olho (m)	'eyn (f)	عين
olhos (m pl)	'oyūn (pl)	عيون
pupila (f)	ḥad'a (f)	حدقة
sobrancelha (f)	ḥāgeb (m)	حاجب
cílio (f)	remʃ (m)	رمش
pálpebra (f)	gefn (m)	جفن

língua (f)	lesān (m)	لسان
dente (m)	senna (f)	سنّة
lábios (m pl)	ʃafāyef (pl)	شفايف
maçãs (f pl) do rosto	'aḍmet el χadd (f)	عضمة الخدّ
gengiva (f)	lassa (f)	لثّة
palato (m)	ḥanak (m)	حنك

narinas (f pl)	manaχer (pl)	مناخر
queixo (m)	da''n (m)	دقن
mandíbula (f)	fakk (m)	فكّ
bochecha (f)	χadd (m)	خدّ

testa (f)	gabha (f)	جبهة
têmpora (f)	ṣedγ (m)	صدغ
orelha (f)	wedn (f)	ودن
costas (f pl) da cabeça	'afa (m)	قفا
pescoço (m)	ra'aba (f)	رقبة
garganta (f)	zore (m)	زور

cabelo (m)	ʃaʿr (m)	شعر
penteado (m)	tasrīḥa (f)	تسريحة
corte (m) de cabelo	tasrīḥa (f)	تسريحة
peruca (f)	barūka (f)	باروكة

bigode (m)	ʃanab (pl)	شنب
barba (f)	leḥya (f)	لحية
ter (~ barba, etc.)	'ando	عنده
trança (f)	ḍefīra (f)	ضفيرة
suíças (f pl)	sawālef (pl)	سوالف

ruivo (adj)	aḥmar el ʃaʿr	أحمر الشعر
grisalho (adj)	ʃaʿr abyaḍ	شعر أبيض
careca (adj)	aṣlaʿ	أصلع
calva (f)	ṣalaʿ (m)	صلع
rabo-de-cavalo (m)	deyl ḥoṣān (m)	ديل حصان
franja (f)	'oṣṣa (f)	قصّة

29. Corpo humano

mão (f)	yad (m)	يد
braço (m)	derã' (f)	دراع
dedo (m)	ṣobã' (m)	صباع
dedo (m) do pé	ṣobã' el 'adam (m)	صباع القدم
polegar (m)	ebhãm (m)	إبهام
dedo (m) mindinho	χonṣor (m)	خنصر
unha (f)	ḍefr (m)	ضفر
punho (m)	qabḍa (f)	قبضة
palma (f)	kaff (f)	كفّ
pulso (m)	me'ṣam (m)	معصم
antebraço (m)	sã'ed (m)	ساعد
cotovelo (m)	kū' (m)	كوع
ombro (m)	ketf (f)	كتف
perna (f)	regl (f)	رجل
pé (m)	qadam (f)	قدم
joelho (m)	rokba (f)	ركبة
panturrilha (f)	semmãna (f)	سمّانة
quadril (m)	faχd (f)	فخد
calcanhar (m)	ka'b (m)	كعب
corpo (m)	gesm (m)	جسم
barriga (f), ventre (m)	baṭn (m)	بطن
peito (m)	ṣedr (m)	صدر
seio (m)	sady (m)	ثدي
lado (m)	ganb (m)	جنب
costas (dorso)	ḍahr (m)	ضهر
região (f) lombar	asfal el ḍahr (m)	أسفل الضهر
cintura (f)	weṣt (f)	وسط
umbigo (m)	sorra (f)	سرّة
nádegas (f pl)	ardãf (pl)	أرداف
traseiro (m)	debr (m)	دبر
sinal (m), pinta (f)	ʃãma (f)	شامة
sinal (m) de nascença	waḥma	وحمة
tatuagem (f)	waʃm (m)	وشم
cicatriz (f)	nadba (f)	ندبة

Vestuário & Acessórios

30. Roupa exterior. Casacos

roupa (f)	malābes (pl)	ملابس
roupa (f) exterior	malābes fo'aniya (pl)	ملابس فوقانيّة
roupa (f) de inverno	malābes ʃetwiya (pl)	ملابس شتويّة
sobretudo (m)	balṭo (m)	بالطو
casaco (m) de pele	balṭo farww (m)	بالطو فرو
jaqueta (f) de pele	ʒaket farww (m)	جاكيت فرو
casaco (m) acolchoado	balṭo maḥʃy rīʃ (m)	بالطو محشي ريش
casaco (m), jaqueta (f)	ʒæket (m)	جاكيت
impermeável (m)	ʒæket lel maṭar (m)	جاكيت للمطر
a prova d'água	wāqy men el maya	واقي من الميّة

31. Vestuário de homem & mulher

camisa (f)	'amīṣ (m)	قميص
calça (f)	banṭalone (f)	بنطلون
jeans (m)	ʒeans (m)	جينز
paletó, terno (m)	ʒæket (f)	جاكت
terno (m)	badla (f)	بدلة
vestido (ex. ~ de noiva)	fostān (m)	فستان
saia (f)	ʒība (f)	جيبة
blusa (f)	bloza (f)	بلوزة
casaco (m) de malha	kardigan (m)	كارديجن
casaco, blazer (m)	ʒæket (m)	جاكيت
camiseta (f)	ti ʃirt (m)	تي شيرت
short (m)	ʃort (m)	شورت
training (m)	treneng (m)	ترينج
roupão (m) de banho	robe el ḥammām (m)	روب حمّام
pijama (m)	beʒāma (f)	بيجاما
suéter (m)	blover (f)	بلوفر
pulôver (m)	blover (m)	بلوفر
colete (m)	vest (m)	فيست
fraque (m)	badlet sahra ṭawīla (f)	بدلة سهرة طويلة
smoking (m)	badla (f)	بدلة
uniforme (m)	zayī muwaḥḥad (m)	زيّ موحّد
roupa (f) de trabalho	lebs el ʃoɣl (m)	لبس الشغل
macacão (m)	overall (m)	اوفر اول
jaleco (m), bata (f)	balṭo (m)	بالطو

32. Vestuário. Roupa interior

roupa (f) íntima	malābes dāχeliya (pl)	ملابس داخلية
cueca boxer (f)	sirwāl dāχly rigāly (m)	سروال داخلي رجاليَ
calcinha (f)	sirwāl dāχly nisā'y (m)	سروال داخلي نسائيَ
camiseta (f)	fanella (f)	فانللا
meias (f pl)	ʃarāb (m)	شراب
camisola (f)	'amī‚ nome (m)	قميص نوم
sutiã (m)	setyāna (f)	ستيانة
meias longas (f pl)	ʃarabāt ṭawīla (pl)	شرابات طويلة
meias-calças (f pl)	klone (m)	كلون
meias (~ de nylon)	gawāreb (pl)	جوارب
maiô (m)	mayo (m)	مايوه

33. Adereços de cabeça

chapéu (m), touca (f)	ṭa'iya (f)	طاقيّة
chapéu (m) de feltro	borneyṭa (f)	برنيطة
boné (m) de beisebol	base bāl kāb (m)	بيس بول كاب
boina (~ italiana)	ṭa'iya mosaṭṭaḥa (f)	طاقية مسطحة
boina (ex. ~ basca)	bereyh (m)	بيريه
capuz (m)	γaṭa' (f)	غطاء
chapéu panamá (m)	qobba'et banama (f)	قبّعة بناما
touca (f)	ays kāb (m)	آيس كاب
lenço (m)	eʃarb (m)	إيشارب
chapéu (m) feminino	borneyṭa (f)	برنيطة
capacete (m) de proteção	χawza (f)	خوذة
bibico (m)	kāb (m)	كاب
capacete (m)	χawza (f)	خوذة
chapéu-coco (m)	qobba'a (f)	قبّعة
cartola (f)	qobba'a rasmiya (f)	قبّعة رسمية

34. Calçado

calçado (m)	gezam (pl)	جزم
botinas (f pl), sapatos (m pl)	gazma (f)	جزمة
sapatos (de salto alto, etc.)	gazma (f)	جزمة
botas (f pl)	būt (m)	بوت
pantufas (f pl)	ʃebʃeb (m)	شبشب
tênis (~ Nike, etc.)	kotʃy tennis (m)	كوتشي تنس
tênis (~ Converse)	kotʃy (m)	كوتشي
sandálias (f pl)	ṣandal (pl)	صندل
sapateiro (m)	eskāfy (m)	إسكافي
salto (m)	ka'b (m)	كعب

par (m)	goze (m)	جوز
cadarço (m)	ʃerīṭ (m)	شريط
amarrar os cadarços	rabaṭ	ربط
calçadeira (f)	labbāsa el gazma (f)	لبّاسة الجزمة
graxa (f) para calçado	warnīʃ el gazma (m)	ورنيش الجزمة

35. Têxtil. Tecidos

algodão (m)	'oṭn (m)	قطن
de algodão	'oṭny	قطني
linho (m)	kettān (m)	كتّان
de linho	men el kettān	من الكتّان
seda (f)	ḥarīr (m)	حرير
de seda	ḥarīry	حريري
lã (f)	ṣūf (m)	صوف
de lã	ṣūfiya	صوفية
veludo (m)	moχmal (m)	مخمل
camurça (f)	geld maz'abar (m)	جلد مزأبر
veludo (m) cotelê	'oṭn 'aṭīfa (f)	قطن قطيفة
nylon (m)	nylon (m)	نايلون
de nylon	men el naylon	من النيلون
poliéster (m)	bolyester (m)	بوليستر
de poliéster	men el bolyastar	من البوليستر
couro (m)	geld (m)	جلد
de couro	men el geld	من الجلد
pele (f)	farww (m)	فروّ
de pele	men el farww	من الفروّ

36. Acessórios pessoais

luva (f)	gwanty (m)	جوانتي
mitenes (f pl)	gwanty men ɣeyr aṣābeʿ (m)	جوانتي من غير أصابع
cachecol (m)	skarf (m)	سكارف
óculos (m pl)	naḍḍāra (f)	نظّارة
armação (f)	eṭār (m)	إطار
guarda-chuva (m)	ʃamsiya (f)	شمسيّة
bengala (f)	ʿaṣāya (f)	عصاية
escova (f) para o cabelo	forʃet ʃaʿr (f)	فرشة شعر
leque (m)	marwaḥa (f)	مروّحة
gravata (f)	karavetta (f)	كرافتة
gravata-borboleta (f)	bebyona (m)	بيبيونة
suspensórios (m pl)	ḥammala (f)	حمّالة
lenço (m)	mandīl (m)	منديل
pente (m)	meʃṭ (m)	مشط
fivela (f) para cabelo	dabbūs (m)	دبّوس

grampo (m)	bensa (m)	بنسة
fivela (f)	bokla (f)	بكلة
cinto (m)	ḥezām (m)	حزام
alça (f) de ombro	ḥammalet el ketf (f)	حمّالة الكتف
bolsa (f)	ʃanṭa (f)	شنطة
bolsa (feminina)	ʃanṭet yad (f)	شنطة يد
mochila (f)	ʃanṭet ḍahr (f)	شنطة ظهر

37. Vestuário. Diversos

moda (f)	mūḍa (f)	موضة
na moda (adj)	fel moḍa	في الموضة
estilista (m)	moṣammem azyā' (m)	مصمّم أزياء
colarinho (m)	yā'a (f)	ياقة
bolso (m)	geyb (m)	جيب
de bolso	geyb	جيب
manga (f)	komm (m)	كمّ
ganchinho (m)	ʿelāqa (f)	علّاقة
bragueta (f)	lesān (m)	لسان
zíper (m)	sosta (f)	سوستة
colchete (m)	maʃbak (m)	مشبك
botão (m)	zerr (m)	زرّ
botoeira (casa de botão)	ʿarwa (f)	عروة
soltar-se (vr)	weʾeʿ	وقع
costurar (vi)	xayaṭ	خيّط
bordar (vt)	ṭarraz	طرّز
bordado (m)	taṭrīz (m)	تطريز
agulha (f)	ebra (f)	إبرة
fio, linha (f)	xeyṭ (m)	خيط
costura (f)	derz (m)	درز
sujar-se (vr)	ettwassax	إتّوسّخ
mancha (f)	boʾʾa (f)	بقعة
amarrotar-se (vr)	takarmaʃ	تكرمش
rasgar (vt)	'aṭaʿ	قطع
traça (f)	ʿetta (f)	عتّة

38. Cuidados pessoais. Cosméticos

pasta (f) de dente	maʿgūn asnān (m)	معجون أسنان
escova (f) de dente	forʃet senān (f)	فرشة أسنان
escovar os dentes	naḍḍaf el asnān	نظّف الأسنان
gilete (f)	mūs (m)	موس
creme (m) de barbear	krīm ḥelāʾa (m)	كريم حلاقة
barbear-se (vr)	ḥalaʾ	حلق
sabonete (m)	ṣabūn (m)	صابون

xampu (m)	ʃambū (m)	شامبو
tesoura (f)	ma'aṣ (m)	مقص
lixa (f) de unhas	mabrad (m)	مبرد
corta-unhas (m)	mel'aṭ (m)	ملقط
pinça (f)	mel'aṭ (m)	ملقط
cosméticos (m pl)	mawād tagmīl (pl)	مواد تجميل
máscara (f)	mask (m)	ماسك
manicure (f)	monekīr (m)	مونيكير
fazer as unhas	'amal monikīr	عمل مونيكير
pedicure (f)	badikīr (m)	باديكير
bolsa (f) de maquiagem	ʃanṭet mekyāʒ (f)	شنطة مكياج
pó (de arroz)	bodret weʃ (f)	بودرة وش
pó (m) compacto	'elbet bodra (f)	علبة بودرة
blush (m)	aḥmar χodūd (m)	أحمر خدود
perfume (m)	barfān (m)	بارفان
água-de-colônia (f)	kolonya (f)	كولونيا
loção (f)	loʃion (m)	لوشن
colônia (f)	kolonya (f)	كولونيا
sombra (f) de olhos	eyeʃadow (m)	ايّ شادو
delineador (m)	koḥl (m)	كحل
máscara (f), rímel (m)	maskara (f)	ماسكارا
batom (m)	rūʒ (m)	روج
esmalte (m)	monekīr (m)	مونيكير
laquê (m), spray fixador (m)	mosabbet el ʃaʕr (m)	مثبّت الشعر
desodorante (m)	mozīl 'ara' (m)	مزيل عرق
creme (m)	krīm (m)	كريم
creme (m) de rosto	krīm lel weʃ (m)	كريم للوش
creme (m) de mãos	krīm eyd (m)	كريم أيد
creme (m) antirrugas	krīm moḍād lel tagaʕīd (m)	كريم مضاد للتجاعيد
creme (m) de dia	krīm en nahār (m)	كريم النهار
creme (m) de noite	krīm el leyl (m)	كريم الليل
de dia	nahāry	نهاري
da noite	layly	ليلي
absorvente (m) interno	tambon (m)	تامبون
papel (m) higiênico	wara' twalet (m)	ورق تواليت
secador (m) de cabelo	seʃwār (m)	سشوار

39. Joalheria

joias (f pl)	mogawharāt (pl)	مجوّهرات
precioso (adj)	ɣāly	غالي
marca (f) de contraste	damɣa (f)	دمغة
anel (m)	χātem (m)	خاتم
aliança (f)	deblet el faraḥ (m)	دبلة الفرح
pulseira (f)	eswera (m)	إسوّرة
brincos (m pl)	ḥala' (m)	حلق

colar (m)	'o'd (m)	عقد
coroa (f)	tāg (m)	تاج
colar (m) de contas	'o'd xaraz (m)	عقد خرز

diamante (m)	almāz (m)	ألماز
esmeralda (f)	zomorrod (m)	زمرّد
rubi (m)	ya'ūt aḥmar (m)	ياقوت أحمر
safira (f)	ya'ūt azra' (m)	ياقوت أزرق
pérola (f)	lo'lo' (m)	لؤلؤ
âmbar (m)	kahramān (m)	كهرمان

40. Relógios de pulso. Relógios

relógio (m) de pulso	sā'a (f)	ساعة
mostrador (m)	wag-h el sā'a (m)	وجه الساعة
ponteiro (m)	'a'rab el sā'a (m)	عقرب الساعة
bracelete (em aço)	ʃerīṭ sā'a ma'daniya (m)	شريط ساعة معدنية
bracelete (em couro)	ʃerīṭ el sā'a (m)	شريط الساعة

pilha (f)	baṭṭariya (f)	بطّاريّة
acabar (vi)	xelṣet	خلصت
trocar a pilha	ɣayar el baṭṭariya	غيّر البطّاريّة
estar adiantado	saba'	سبق
estar atrasado	ta'akxar	تأخّر

relógio (m) de parede	sā'et ḥeyṭa (f)	ساعة حيطة
ampulheta (f)	sā'a ramliya (f)	ساعة رمليّة
relógio (m) de sol	sā'a ʃamsiya (f)	ساعة شمسيّة
despertador (m)	monabbeh (m)	منبّه
relojoeiro (m)	sa'āty (m)	ساعاتي
reparar (vt)	ṣallaḥ	صلّح

Alimentação. Nutrição

41. Comida

carne (f)	laḥma (f)	لحمة
galinha (f)	ferāx (m)	فراخ
frango (m)	farrūg (m)	فروج
pato (m)	baṭṭa (f)	بطة
ganso (m)	wezza (f)	وزة
caça (f)	ṣeyd (m)	صيد
peru (m)	dīk rūmy (m)	ديك رومي
carne (f) de porco	laḥm el xanazīr (m)	لحم الخنزير
carne (f) de vitela	laḥm el 'egl (m)	لحم العجل
carne (f) de carneiro	laḥm ḍāny (m)	لحم ضاني
carne (f) de vaca	laḥm baqary (m)	لحم بقري
carne (f) de coelho	laḥm arāneb (m)	لحم أرانب
linguiça (f), salsichão (m)	sogo" (m)	سجق
salsicha (f)	sogo" (m)	سجق
bacon (m)	bakon (m)	بيكون
presunto (m)	hām(m)	هام
pernil (m) de porco	faxd xanzīr (m)	فخد خنزير
patê (m)	ma'gūn laḥm (m)	معجون لحم
fígado (m)	kebda (f)	كبدة
guisado (m)	hamburger (m)	هامبورجر
língua (f)	lesān (m)	لسان
ovo (m)	beyḍa (f)	بيضة
ovos (m pl)	beyḍ (m)	بيض
clara (f) de ovo	bayāḍ el beyḍ (m)	بياض البيض
gema (f) de ovo	ṣafār el beyḍ (m)	صفار البيض
peixe (m)	samak (m)	سمك
mariscos (m pl)	sīfūd (pl)	سي فود
caviar (m)	kaviar (m)	كافيار
caranguejo (m)	kaboria (m)	كابوريا
camarão (m)	gammbary (m)	جمبري
ostra (f)	maḥār (m)	محار
lagosta (f)	estakoza (m)	استاكوزا
polvo (m)	axṭabūṭ (m)	أخطبوط
lula (f)	kalmāry (m)	كالماري
esturjão (m)	samak el ḥaff (m)	سمك الحفش
salmão (m)	salamon (m)	سلمون
halibute (m)	samak el halbūt (m)	سمك الهلبوت
bacalhau (m)	samak el qadd (m)	سمك القد
cavala, sarda (f)	makerel (m)	ماكريل

atum (m)	tuna (f)	تونة
enguia (f)	hankalīs (m)	حنكليس
truta (f)	salamon mera"aṭ (m)	سلمون مرقّط
sardinha (f)	sardīn (m)	سردين
lúcio (m)	samak el karāky (m)	سمك الكراكي
arenque (m)	renga (f)	رنجة
pão (m)	'eyʃ (m)	عيش
queijo (m)	gebna (f)	جبنة
açúcar (m)	sokkar (m)	سكّر
sal (m)	melḥ (m)	ملح
arroz (m)	rozz (m)	رزّ
massas (f pl)	makaruna (f)	مكرونة
talharim, miojo (m)	nūdles (f)	نودلز
manteiga (f)	zebda (f)	زبّدة
óleo (m) vegetal	zeyt (m)	زيت
óleo (m) de girassol	zeyt 'abbād el ʃams (m)	زيت عبّاد الشمس
margarina (f)	margarīn (m)	مارجرين
azeitonas (f pl)	zaytūn (m)	زيتون
azeite (m)	zeyt el zaytūn (m)	زيت الزيتون
leite (m)	laban (m)	لبن
leite (m) condensado	halīb mokassaf (m)	حليب مكثّف
iogurte (m)	zabādy (m)	زبادي
creme (m) azedo	kreyma ḥamḍa (f)	كريمة حامضة
creme (m) de leite	krīma (f)	كريمة
maionese (f)	mayonnɛːz (m)	مايونيز
creme (m)	krīmet zebda (f)	كريمة زبدة
grãos (m pl) de cereais	hobūb 'amḥ (pl)	حبوب قمح
farinha (f)	deꞮ (m)	دقيق
enlatados (m pl)	moʿallabāt (pl)	معلّبات
flocos (m pl) de milho	korn fleks (m)	كورن فليكس
mel (m)	'asal (m)	عسل
geleia (m)	mrabba (m)	مربّى
chiclete (m)	lebān (m)	لبان

42. Bebidas

água (f)	meyāh (f)	مياه
água (f) potável	mayet ʃorb (m)	ميّة شرب
água (f) mineral	maya maʿdaniya (f)	ميّة معدنية
sem gás (adj)	rakeda	راكدة
gaseificada (adj)	kanz	كانز
com gás	kanz	كانز
gelo (m)	talg (m)	ثلج
com gelo	bel talg	بالثلج

não alcoólico (adj)	men ɣeyr koḥūl	من غير كحول
refrigerante (m)	maʃrūb ɣāzy (m)	مشروب غازي
refresco (m)	ḥāga sa''a (f)	حاجة ساقعة
limonada (f)	limonāta (f)	ليموناتة

bebidas (f pl) alcoólicas	maʃrūbāt koḥūliya (pl)	مشروبات كحولية
vinho (m)	xamra (f)	خمرة
vinho (m) branco	nebīz abyaḍ (m)	نبيذ أبيض
vinho (m) tinto	nebī aḥmar (m)	نبيذ أحمر

licor (m)	liqure (m)	ليكيور
champanhe (m)	ʃambania (f)	شمبانيا
vermute (m)	vermote (m)	فيرموت

uísque (m)	wiski (m)	ويسكي
vodca (f)	vodka (f)	فودكا
gim (m)	ʒin (m)	جين
conhaque (m)	konyāk (m)	كونياك
rum (m)	rum (m)	رم

café (m)	'ahwa (f)	قهوة
café (m) preto	'ahwa sāda (f)	قهوة سادة
café (m) com leite	'ahwa bel ḥalīb (f)	قهوة بالحليب
cappuccino (m)	kaputʃino (m)	كابتشينو
café (m) solúvel	neskafe (m)	نيسكافيه

leite (m)	laban (m)	لبن
coquetel (m)	koktayl (m)	كوكتيل
batida (f), milkshake (m)	milk ʃejk (m)	ميلك شيك

suco (m)	ʿaṣīr (m)	عصير
suco (m) de tomate	ʿaṣīr ṭamāṭem (m)	عصير طماطم
suco (m) de laranja	ʿaṣīr bortoqāl (m)	عصير برتقال
suco (m) fresco	ʿaṣīr freʃ (m)	عصير فريش

cerveja (f)	bīra (f)	بيرة
cerveja (f) clara	bīra xafīfa (f)	بيرة خفيفة
cerveja (f) preta	bīra ɣam'a (f)	بيرة غامقة

chá (m)	ʃāy (m)	شاي
chá (m) preto	ʃāy aḥmar (m)	شاي أحمر
chá (m) verde	ʃāy axḍar (m)	شاي أخضر

43. Vegetais

| vegetais (m pl) | xoḍār (pl) | خضار |
| verdura (f) | xoḍrawāt waraqiya (pl) | خضروات ورقية |

tomate (m)	ṭamāṭem (f)	طماطم
pepino (m)	xeyār (m)	خيار
cenoura (f)	gazar (m)	جزر
batata (f)	baṭāṭes (f)	بطاطس
cebola (f)	baṣal (m)	بصل
alho (m)	tūm (m)	ثوم

couve (f)	koronb (m)	كرنب
couve-flor (f)	'arnabīṭ (m)	قرنبيط
couve-de-bruxelas (f)	koronb broksel (m)	كرنب بروكسل
brócolis (m pl)	brokkoli (m)	بركولي

beterraba (f)	bangar (m)	بنجر
berinjela (f)	bātengān (m)	باذنجان
abobrinha (f)	kōsa (f)	كوسة
abóbora (f)	qar' 'asaly (m)	قرع عسلي
nabo (m)	left (m)	لفت

salsa (f)	ba'dūnes (m)	بقدونس
endro, aneto (m)	ʃabat (m)	شبت
alface (f)	χass (m)	خس
aipo (m)	karfas (m)	كرفس
aspargo (m)	helione (m)	هليون
espinafre (m)	sabāneχ (m)	سبانخ

ervilha (f)	besella (f)	بسلة
feijão (~ soja, etc.)	fūl (m)	فول
milho (m)	dora (f)	ذرة
feijão (m) roxo	faṣolya (f)	فاصوليا

pimentão (m)	felfel (m)	فلفل
rabanete (m)	fegl (m)	فجل
alcachofra (f)	χarʃūf (m)	خرشوف

44. Frutos. Nozes

fruta (f)	faχa (f)	فاكهة
maçã (f)	toffāḥa (f)	تفّاحة
pera (f)	komettra (f)	كمّثرى
limão (m)	lymūn (m)	ليمون
laranja (f)	bortoqāl (m)	برتقال
morango (m)	farawla (f)	فراولة

tangerina (f)	yosfy (m)	يوسفي
ameixa (f)	bar'ū' (m)	برقوق
pêssego (m)	χawχa (f)	خوخة
damasco (m)	meʃmeʃ (m)	مشمش
framboesa (f)	tūt el 'allī el aḥmar (m)	توت العليق الأحمر
abacaxi (m)	ananās (m)	أناناس

banana (f)	moze (m)	موز
melancia (f)	baṭṭīχ (m)	بطيخ
uva (f)	'enab (m)	عنب
ginja, cereja (f)	karaz (m)	كرز
melão (m)	ʃammām (f)	شمّام

toranja (f)	grabe frūt (m)	جريب فروت
abacate (m)	avokado (f)	افوكاتو
mamão (m)	babāya (m)	بابايا
manga (f)	manga (m)	مانجة
romã (f)	rommān (m)	رمان

groselha (f) vermelha	keʃmeʃ aḥmar (m)	كشمش أحمر
groselha (f) negra	keʃmeʃ aswad (m)	كشمش أسود
groselha (f) espinhosa	'enab el sa'lab (m)	عنب الثعلب
mirtilo (m)	'enab al aḥrāg (m)	عنب الأحراج
amora (f) silvestre	tūt aswad (m)	توت أسود

passa (f)	zebīb (m)	زبيب
figo (m)	tīn (m)	تين
tâmara (f)	tamr (m)	تمر

amendoim (m)	fūl sudāny (m)	فول سوداني
amêndoa (f)	loze (m)	لوز
noz (f)	'eyn gamal (f)	عين الجمل
avelã (f)	bondo' (m)	بندق
coco (m)	goze el hend (m)	جوز هند
pistaches (m pl)	fosto' (m)	فستق

45. Pão. Bolaria

pastelaria (f)	ḥalawīāt (pl)	حلويَّات
pão (m)	'eyʃ (m)	عيش
biscoito (m), bolacha (f)	baskawīt (m)	بسكويت

chocolate (m)	ʃokolāta (f)	شكولاتة
de chocolate	bel ʃokolāṭa	بالشكولاتة
bala (f)	bonbony (m)	بونبوني
doce (bolo pequeno)	keyka (f)	كيكة
bolo (m) de aniversário	torta (f)	تورتة

| torta (f) | feṭīra (f) | فطيرة |
| recheio (m) | ḥaʃwa (f) | حشوة |

geleia (m)	mrabba (m)	مربَّى
marmelada (f)	marmalād (f)	مرملاد
wafers (m pl)	waffles (pl)	وافلز
sorvete (m)	'ays krīm (m)	آيس كريم
pudim (m)	būding (m)	بودنج

46. Pratos cozinhados

prato (m)	wagba (f)	وجبة
cozinha (~ portuguesa)	maṭbaχ (m)	مطبخ
receita (f)	waṣfa (f)	وصفة
porção (f)	naṣīb (m)	نصيب

| salada (f) | solṭa (f) | سلطة |
| sopa (f) | ʃorba (f) | شورية |

caldo (m)	mara'a (m)	مرقة
sanduíche (m)	sandawitʃ (m)	ساندويتش
ovos (m pl) fritos	beyḍ ma'ly (m)	بيض مقلي
hambúrguer (m)	hamburger (m)	هامبورجر

bife (m)	steak laḥm (m)	ستيك لحم
acompanhamento (m)	ṭaba' gāneby (m)	طبق جانبي
espaguete (m)	spaɣetti (m)	سباجيتي
purê (m) de batata	baṭāṭes mahrūsa (f)	بطاطس مهروسة
pizza (f)	bītza (f)	بيتزا
mingau (m)	'aṣīda (f)	عصيدة
omelete (f)	omlette (m)	اوملیت

fervido (adj)	maslū'	مسلوق
defumado (adj)	modakχen	مدخّن
frito (adj)	ma'ly	مقلي
seco (adj)	mogaffaf	مجفّف
congelado (adj)	mogammad	مجمّد
em conserva (adj)	meχallel	مخلّل

doce (adj)	mesakkar	مسكّر
salgado (adj)	māleḥ	مالح
frio (adj)	bāred	بارد
quente (adj)	soχn	سخن
amargo (adj)	morr	مرّ
gostoso (adj)	ḥelw	حلو

cozinhar em água fervente	sala'	سلق
preparar (vt)	ḥaḍḍar	حضّر
fritar (vt)	'ala	قلي
aquecer (vt)	sakχan	سخّن

salgar (vt)	rasʃ malḥ	رشّ ملح
apimentar (vt)	rasʃ felfel	رشّ فلفل
ralar (vt)	baraʃ	برش
casca (f)	'eʃra (f)	قشرة
descascar (vt)	'asʃar	قشّر

47. Especiarias

sal (m)	melḥ (m)	ملح
salgado (adj)	māleḥ	مالح
salgar (vt)	rasʃ malḥ	رشّ ملح

pimenta-do-reino (f)	felfel aswad (m)	فلفل أسوّد
pimenta (f) vermelha	felfel aḥmar (m)	فلفل أحمر
mostarda (f)	mosṭarda (m)	مسطردة
raiz-forte (f)	fegl ḥār (m)	فجل حار

condimento (m)	bahār (m)	بهار
especiaria (f)	bahār (m)	بهار
molho (~ inglês)	ṣalṣa (f)	صلصة
vinagre (m)	χall (m)	خلّ

anis estrelado (m)	yansūn (m)	ينسون
manjericão (m)	rīḥān (m)	ريحان
cravo (m)	'oronfol (m)	قرنفل
gengibre (m)	zangabīl (m)	زنجبيل
coentro (m)	kozbora (f)	كزبرة

canela (f)	'erfa (f)	قرفة
gergelim (m)	semsem (m)	سمسم
folha (f) de louro	wara' el yãr (m)	ورق الغار
páprica (f)	babrika (f)	بابريكا
cominho (m)	karawya (f)	كراوية
açafrão (m)	za'farãn (m)	زعفران

48. Refeições

| comida (f) | akl (m) | أكل |
| comer (vt) | akal | أكل |

café (m) da manhã	fotūr (m)	فطور
tomar café da manhã	feţer	فطر
almoço (m)	yada' (m)	غداء
almoçar (vi)	etyadda	إتغدّى
jantar (m)	'aʃã' (m)	عشاء
jantar (vi)	et'asʃa	إتعشّى

| apetite (m) | ʃahiya (f) | شهيّة |
| Bom apetite! | bel hana wel ʃefa! | بالهنا والشفا! |

abrir (~ uma lata, etc.)	fataḥ	فتح
derramar (~ líquido)	dala'	دلق
derramar-se (vr)	dala'	دلق
ferver (vi)	yely	غلى
ferver (vt)	yely	غلى
fervido (adj)	mayly	مغلي
esfriar (vt)	barrad	برّد
esfriar-se (vr)	barrad	برّد

| sabor, gosto (m) | ţa'm (m) | طعم |
| fim (m) de boca | ţa'm ma ba'd el mazãq (m) | طعم ما بعد المذاق |

emagrecer (vi)	xass	خسّ
dieta (f)	reʒīm (m)	رجيم
vitamina (f)	vitamīn (m)	فيتامين
caloria (f)	so'ra ḥarãriya (f)	سعرة حرارية
vegetariano (m)	nabãty (m)	نباتي
vegetariano (adj)	nabãty	نباتي

gorduras (f pl)	dohūn (pl)	دهون
proteínas (f pl)	brotenãt (pl)	بروتينات
carboidratos (m pl)	naʃawīãt (pl)	نشويّات
fatia (~ de limão, etc.)	ʃarīḥa (f)	شريحة
pedaço (~ de bolo)	'eţ'a (f)	قطعة
migalha (f), farelo (m)	fattãta (f)	فتاتة

49. Por a mesa

| colher (f) | ma'la'a (f) | معلقة |
| faca (f) | sekkīna (f) | سكّينة |

garfo (m)	ʃawka (f)	شوكة
xícara (f)	fengān (m)	فنجان
prato (m)	ṭaba' (m)	طبق
pires (m)	ṭaba' fengān (m)	طبق فنجان
guardanapo (m)	mandīl wara' (m)	منديل ورق
palito (m)	χallet senān (f)	خلة سنان

50. Restaurante

restaurante (m)	maṭʿam (m)	مطعم
cafeteria (f)	'ahwa (f), kaféih (m)	قهوة, كافيه
bar (m), cervejaria (f)	bār (m)	بار
salão (m) de chá	ṣalone ʃāy (m)	صالون شاي
garçom (m)	garsone (m)	جرسون
garçonete (f)	garsona (f)	جرسونة
barman (m)	bārman (m)	بارمان
cardápio (m)	qā'emet el ṭaʿām (f)	قائمة طعام
lista (f) de vinhos	qā'emet el χomūr (f)	قائمة خمور
reservar uma mesa	ḥagaz sofra	حجز سفرة
prato (m)	wagba (f)	وجبة
pedir (vt)	ṭalab	طلب
fazer o pedido	ṭalab	طلب
aperitivo (m)	ʃarāb (m)	شراب
entrada (f)	moqabbelāt (pl)	مقبّلات
sobremesa (f)	ḥalawīāt (pl)	حلويّات
conta (f)	ḥesāb (m)	حساب
pagar a conta	dafaʿ el ḥesāb	دفع الحساب
dar o troco	edda el bā'y	ادّي الباقي
gorjeta (f)	ba'ʃīʃ (m)	بقشيش

Família, parentes e amigos

51. Informação pessoal. Formulários

nome (m)	esm (m)	اسم
sobrenome (m)	esm el ʿaʾela (m)	اسم العائلة
data (f) de nascimento	tarīχ el melād (m)	تاريخ الميلاد
local (m) de nascimento	makān el melād (m)	مكان الميلاد
nacionalidade (f)	gensiya (f)	جنسيَة
lugar (m) de residência	maqarr el eqāma (m)	مقرّ الإقامة
país (m)	balad (m)	بلد
profissão (f)	mehna (f)	مهنة
sexo (m)	ginss (m)	جنس
estatura (f)	ṭūl (m)	طول
peso (m)	wazn (m)	وزن

52. Membros da família. Parentes

mãe (f)	walda (f)	والدة
pai (m)	wāled (m)	والد
filho (m)	walad (m)	ولد
filha (f)	bent (f)	بنت
caçula (f)	el bent el saɣīra (f)	البنت الصغيرة
caçula (m)	el ebn el saɣīr (m)	الابن الصغير
filha (f) mais velha	el bent el kebīra (f)	البنت الكبيرة
filho (m) mais velho	el ebn el kabīr (m)	الابن الكبير
irmão (m)	aχ (m)	أخ
irmão (m) mais velho	el aχ el kibīr (m)	الأخ الكبير
irmão (m) mais novo	el aχ el ṣoɣeyyir (m)	الأخ الصغير
irmã (f)	oχt (f)	أخت
irmã (f) mais velha	el uχt el kibīra (f)	الأخت الكبيرة
irmã (f) mais nova	el uχt el ṣoɣeyyira (f)	الأخت الصغيرة
primo (m)	ibn ʿamm (m), ibn χāl (m)	إبن عمّ, إبن خال
prima (f)	bint ʿamm (f), bint χāl (f)	بنت عمّ, بنت خال
mamãe (f)	mama (f)	ماما
papai (m)	baba (m)	بابا
pais (pl)	waldeyn (du)	والدين
criança (f)	ṭefl (m)	طفل
crianças (f pl)	aṭfāl (pl)	أطفال
avó (f)	gedda (f)	جدَة
avô (m)	gadd (m)	جدَ
neto (m)	ḥafīd (m)	حفيد

neta (f)	ḥafīda (f)	حفيدة
netos (pl)	aḥfād (pl)	أحفاد
tio (m)	ʿamm (m), χāl (m)	عمّ، خال
tia (f)	ʿamma (f), χāla (f)	عمّة، خالة
sobrinho (m)	ibn el aχ (m), ibn el uχt (m)	إبن الأخ، إبن الأخت
sobrinha (f)	bint el aχ (f), bint el uχt (f)	بنت الأخ، بنت الأخت
sogra (f)	ḥamah (f)	حماة
sogro (m)	ḥama (m)	حما
genro (m)	goze el bent (m)	جوز البنت
madrasta (f)	merāt el abb (f)	مرات الأب
padrasto (m)	goze el omm (m)	جوز الأم
criança (f) de colo	ṭefl raḍeeʿ (m)	طفل رضيع
bebê (m)	mawlūd (m)	مولود
menino (m)	walad ṣaɣīr (m)	ولد صغير
mulher (f)	goza (f)	جوزة
marido (m)	goze (m)	جوز
esposo (m)	goze (m)	جوز
esposa (f)	goza (f)	جوزة
casado (adj)	metgawwez	متجوّز
casada (adj)	metgawweza	متجوّزة
solteiro (adj)	aʿzab	أعزب
solteirão (m)	aʿzab (m)	أعزب
divorciado (adj)	moṭallaq (m)	مطلّق
viúva (f)	armala (f)	أرملة
viúvo (m)	armal (m)	أرمل
parente (m)	ʾarīb (m)	قريب
parente (m) próximo	nesīb ʾarīb (m)	نسيب قريب
parente (m) distante	nesīb beʿīd (m)	نسيب بعيد
parentes (m pl)	aqāreb (pl)	أقارب
órfão (m), órfã (f)	yatīm (m)	يتيم
tutor (m)	walyī amr (m)	ولي أمر
adotar (um filho)	tabanna	تبنّى
adotar (uma filha)	tabanna	تبنّى

53. Amigos. Colegas de trabalho

amigo (m)	ṣadīq (m)	صديق
amiga (f)	ṣadīqa (f)	صديقة
amizade (f)	ṣadāqa (f)	صداقة
ser amigos	ṣādaq	صادق
amigo (m)	ṣāḥeb (m)	صاحب
amiga (f)	ṣaḥba (f)	صاحبة
parceiro (m)	rafīʾ (m)	رفيق
chefe (m)	raʾīs (m)	رئيس
superior (m)	el arfaʿ maqāman (m)	الأرفع مقاماً
proprietário (m)	ṣāḥib (m)	صاحب

subordinado (m)	tābe' (m)	تابع
colega (m, f)	zamīl (m)	زميل
conhecido (m)	ma'refa (m)	معرفة
companheiro (m) de viagem	rafī' safar (m)	رفيق سفر
colega (m) de classe	zamīl fel ṣaff (m)	زميل في الصفّ
vizinho (m)	gār (m)	جار
vizinha (f)	gāra (f)	جارة
vizinhos (pl)	gerān (pl)	جيران

54. Homem. Mulher

mulher (f)	set (f)	ست
menina (f)	bent (f)	بنت
noiva (f)	'arūsa (f)	عروسة
bonita, bela (adj)	gamīla	جميلة
alta (adj)	ṭawīla	طويلة
esbelta (adj)	raʃīqa	رشيقة
baixa (adj)	'aṣīra	قصيرة
loira (f)	ʃa'ra (f)	شقراء
morena (f)	zāt al ʃa'r el dāken (f)	ذات الشعر الداكن
de senhora	sayedāt	سيّدات
virgem (f)	'azrā' (f)	عذراء
grávida (adj)	ḥāmel	حامل
homem (m)	rāgel (m)	راجل
loiro (m)	aʃ'ar (m)	أشقر
moreno (m)	zu el ʃa'r el dāken (m)	ذو الشعر الداكن
alto (adj)	ṭawīl	طويل
baixo (adj)	'aṣīr	قصير
rude (adj)	waqeḥ	وقح
atarracado (adj)	malyān	مليان
robusto (adj)	matīn	متين
forte (adj)	'awy	قويّ
força (f)	'owwa (f)	قوّة
gordo (adj)	teχīn	تخين
moreno (adj)	asmar	أسمر
esbelto (adj)	raʃīq	رشيق
elegante (adj)	anīq	أنيق

55. Idade

idade (f)	'omr (m)	عمر
juventude (f)	ʃabāb (m)	شباب
jovem (adj)	ʃāb	شاب
mais novo (adj)	aṣɣar	أصغر

mais velho (adj)	akbar	أكبر
jovem (m)	ʃāb (m)	شاب
adolescente (m)	morāheq (m)	مراهق
rapaz (m)	ʃāb (m)	شاب

| velho (m) | ʿagūz (m) | عجوز |
| velha (f) | ʿagūza (f) | عجوزة |

adulto	rāʃed (m)	راشد
de meia-idade	fe montaṣaf el ʿomr	في منتصف العمر
idoso, de idade (adj)	ʿagūz	عجوز
velho (adj)	ʿagūz	عجوز

aposentadoria (f)	maʿāʃ (m)	معاش
aposentar-se (vr)	oḥīl ʿala el maʿāʃ	أحيل على المعاش
aposentado (m)	motaqāʿed (m)	متقاعد

56. Crianças

criança (f)	ṭefl (m)	طفل
crianças (f pl)	aṭfāl (pl)	أطفال
gêmeos (m pl), gêmeas (f pl)	taw'am (du)	توأم

berço (m)	mahd (m)	مهد
chocalho (m)	xoʃxeyʃa (f)	خشخيشة
fralda (f)	bambarz, ḥaffāḍ (m)	بامبرز، حفاض

chupeta (f), bico (m)	bazzāza (f)	بزّازة
carrinho (m) de bebê	ʿarabet aṭfāl (f)	عربة أطفال
jardim (m) de infância	rawḍet aṭfāl (f)	روضة أطفال
babysitter, babá (f)	dāda (f)	دادة

| infância (f) | ṭofūla (f) | طفولة |
| boneca (f) | ʿarūsa (f) | عروسة |

| brinquedo (m) | leʿba (f) | لعبة |
| jogo (m) de montar | mokaʿʿabāt (pl) | مكعّبات |

bem-educado (adj)	moʾaddab	مؤدّب
malcriado (adj)	ʾalīl el adab	قليل الأدب
mimado (adj)	metdallaʿ	متدلّع

| ser travesso | ʃefy | شقي |
| travesso, traquinas (adj) | laʿūb | لعوب |

| travessura (f) | ezʿāg (m) | إزعاج |
| criança (f) travessa | ṭefl laʿūb (m) | طفل لعوب |

| obediente (adj) | moṭeeʿ | مطيع |
| desobediente (adj) | ʿāq | عاق |

dócil (adj)	ʿāʾel	عاقل
inteligente (adj)	zaky	ذكي
prodígio (m)	ṭefl moʿgeza (m)	طفل معجزة

57. Casais. Vida de família

beijar (vt)	bās	باس
beijar-se (vr)	bās	باس
família (f)	'eyla (f)	عيلة
familiar (vida ~)	'ā'ely	عائلي
casal (m)	gozeyn (du)	جوزين
matrimônio (m)	gawāz (m)	جواز
lar (m)	beyt (m)	بيت
dinastia (f)	solāla ḥākema (f)	سلالة حاكمة
encontro (m)	maw'ed (m)	موعد
beijo (m)	bosa (f)	بوسة
amor (m)	ḥobb (m)	حبّ
amar (pessoa)	ḥabb	حبّ
amado, querido (adj)	ḥabīb	حبيب
ternura (f)	ḥanān (m)	حنان
afetuoso (adj)	ḥanūn	حنون
fidelidade (f)	el exlāṣ (m)	الإخلاص
fiel (adj)	moxleṣ	مخلص
cuidado (m)	'enāya (f)	عناية
carinhoso (adj)	mohtamm	مهتمّ
recém-casados (pl)	'arūseyn (du)	عروسين
lua (f) de mel	ʃahr el 'asal (m)	شهر العسل
casar-se (com um homem)	tagawwaz	تجوّز
casar-se (com uma mulher)	tagawwaz	تجوّز
casamento (m)	faraḥ (m)	فرح
bodas (f pl) de ouro	el zekra el xamsīn lel gawāz (f)	الذكرى الخمسين للجواز
aniversário (m)	zekra sanawiya (f)	ذكرى سنوية
amante (m)	ḥabīb (m)	حبيب
amante (f)	ḥabība (f)	حبيبة
adultério (m), traição (f)	xeyāna zawgiya (f)	خيانة زوجية
cometer adultério	xān	خان
ciumento (adj)	ɣayūr	غيور
ser ciumento, -a	ɣār	غار
divórcio (m)	ṭalā' (m)	طلاق
divorciar-se (vr)	ṭalla'	طلّق
brigar (discutir)	etxāne'	إتخانق
fazer as pazes	taṣālaḥ	تصالح
juntos (ir ~)	ma' ba'ḍ	مع بعض
sexo (m)	ginss (m)	جنس
felicidade (f)	sa'āda (f)	سعادة
feliz (adj)	saʿīd	سعيد
infelicidade (f)	moṣība (m)	مصيبة
infeliz (adj)	taʿīs	تعيس

Caráter. Sentimentos. Emoções

58. Sentimentos. Emoções

sentimento (m)	ʃoʻūr (m)	شعور
sentimentos (m pl)	maʃāʻer (pl)	مشاعر
sentir (vt)	ʃaʻar	شعر
fome (f)	gūʻ (m)	جوع
ter fome	ʻāyez ʼākol	عايز آكل
sede (f)	ʻaṭaʃ (m)	عطش
ter sede	ʻāyez aʃrab	عايز أشرب
sonolência (f)	neʻās (m)	نعاس
estar sonolento	neʻes	نعس
cansaço (m)	taʻab (m)	تعب
cansado (adj)	taʻbān	تعبان
ficar cansado	teʻeb	تعب
humor (m)	mazāg (m)	مزاج
tédio (m)	malal (m)	ملل
entediar-se (vr)	zeheʼ	زهق
reclusão (isolamento)	ʻozla (f)	عزلة
isolar-se (vr)	ʻazal	عزل
preocupar (vt)	aʼlaʼ	أقلق
estar preocupado	ʼeleʼ	قلق
preocupação (f)	ʼalaʼ (m)	قلق
ansiedade (f)	ʼalaʼ (m)	قلق
preocupado (adj)	maʃʁūl el bāl	مشغول البال
estar nervoso	etwattar	إتوتر
entrar em pânico	etχaḍḍ	إتحض
esperança (f)	amal (m)	أمل
esperar (vt)	tamanna	تمنى
certeza (f)	yaqīn (m)	يقين
certo, seguro de …	motaʼakked	متأكد
indecisão (f)	ʻadam el taʼakkod (m)	عدم التأكد
indeciso (adj)	meʃ motaʼakked	مش متأكد
bêbado (adj)	sakrān	سكران
sóbrio (adj)	ṣāḥy	صاحي
fraco (adj)	ḍaʼīf	ضعيف
feliz (adj)	saʻīd	سعيد
assustar (vt)	χawwef	خوف
fúria (f)	ʁaḍab ʃedīd (m)	غضب شديد
ira, raiva (f)	ʁaḍab (m)	غضب
depressão (f)	ekteʼāb (m)	إكتئاب
desconforto (m)	ʻadam erteyāḥ (m)	عدم إرتياح

conforto (m)	rāḥa (f)	راحة
arrepender-se (vr)	nedem	ندم
arrependimento (m)	nadam (m)	ندم
azar (m), má sorte (f)	sū' ḥazz (m)	سوء حظ
tristeza (f)	ḥozn (f)	حزن
vergonha (f)	xagal (m)	خجل
alegria (f)	faraḥ (m)	فرح
entusiasmo (m)	ḥamās (m)	حماس
entusiasta (m)	motaḥammes (m)	متحمّس
mostrar entusiasmo	taḥammas	تحمّس

59. Caráter. Personalidade

caráter (m)	ʃaxṣiya (f)	شخصية
falha (f) de caráter	ʿeyb (m)	عيب
mente, razão (f)	ʿaʾl (m)	عقل
consciência (f)	ḍamīr (m)	ضمير
hábito, costume (m)	ʿāda (f)	عادة
habilidade (f)	qodra (f)	قدرة
saber (~ nadar, etc.)	ʿeref	عرف
paciente (adj)	ṣabūr	صبور
impaciente (adj)	'alīl el ṣabr	قليل الصبر
curioso (adj)	foḍūly	فضولي
curiosidade (f)	foḍūl (m)	فضول
modéstia (f)	tawāḍoʿ (m)	تواضع
modesto (adj)	motawāḍeʿ	متواضع
imodesto (adj)	meʃ motawāḍeʿ	مش متواضع
preguiça (f)	kasal (m)	كسل
preguiçoso (adj)	kaslān	كسلان
preguiçoso (m)	kaslān (m)	كسلان
astúcia (f)	makr (m)	مكر
astuto (adj)	makkār	مكّار
desconfiança (f)	ʿadam el seqa (m)	عدم الثقة
desconfiado (adj)	ʃakkāk	شكّاك
generosidade (f)	karam (m)	كرم
generoso (adj)	karīm	كريم
talentoso (adj)	mawhūb	موهوب
talento (m)	mawheba (f)	موهبة
corajoso (adj)	ʃogāʿ	شجاع
coragem (f)	ʃagāʿa (f)	شجاعة
honesto (adj)	amīn	أمين
honestidade (f)	amāna (f)	أمانة
prudente, cuidadoso (adj)	ḥazer	حذر
valoroso (adj)	ʃogāʿ	شجاع
sério (adj)	gād	جاد

severo (adj)	ṣārem	صارم
decidido (adj)	ḥāsem	حاسم
indeciso (adj)	motaradded	متردّد
tímido (adj)	χagūl	خجول
timidez (f)	χagal (m)	خجل

confiança (f)	seqa (f)	ثقة
confiar (vt)	wasaq	وثق
crédulo (adj)	saree' el taṣdīq	سريع التصديق

sinceramente	beṣarāḥa	بصراحة
sincero (adj)	moχleṣ	مخلص
sinceridade (f)	eχlāṣ (m)	إخلاص
aberto (adj)	ṣarīḥ	صريح

calmo (adj)	hady	هادئ
franco (adj)	ṣarīḥ	صريح
ingênuo (adj)	sāzeg	ساذج
distraído (adj)	ʃāred el fekr	شارد الفكر
engraçado (adj)	moḍḥek	مضحك

ganância (f)	boχl (m)	بخل
ganancioso (adj)	ṭammā'	طماع
avarento, sovina (adj)	baχīl	بخيل
mal (adj)	ʃerrīr	شرير
teimoso (adj)	'anīd	عنيد
desagradável (adj)	karīh	كريه

egoísta (m)	anāny (m)	أناني
egoísta (adj)	anāny	أناني
covarde (m)	gabān (m)	جبان
covarde (adj)	gabān	جبان

60. O sono. Sonhos

dormir (vi)	nām	نام
sono (m)	nome (m)	نوم
sonho (m)	ḥelm (m)	حلم
sonhar (ver sonhos)	ḥelem	حلم
sonolento (adj)	na'sān	نعسان

cama (f)	serīr (m)	سرير
colchão (m)	martaba (f)	مرتبة
cobertor (m)	baṭṭaniya (f)	بطّانيّة
travesseiro (m)	maχadda (f)	مخدّة
lençol (m)	melāya (f)	ملاية

insônia (f)	araq (m)	أرق
sem sono (adj)	bodūn nome	بدون نوم
sonífero (m)	monawwem (m)	منوّم
tomar um sonífero	aχad monawwem	اخد منوّم

| estar sonolento | ne'es | نعس |
| bocejar (vi) | ettāweb | إتثاوب |

ir para a cama	rāḥ lel serīr	راح للسرير
fazer a cama	waḍḍab el serīr	وضب السرير
adormecer (vi)	nām	نام
pesadelo (m)	kabūs (m)	كابوس
ronco (m)	ʃeχīr (m)	شخير
roncar (vi)	ʃakχar	شخّر
despertador (m)	monabbeh (m)	منبّه
acordar, despertar (vt)	ṣaḥḥa	صحّى
acordar (vi)	ṣeḥy	صحي
levantar-se (vr)	ʾām	قام
lavar-se (vr)	ɣasal	غسل

61. Humor. Riso. Alegria

humor (m)	hezār (m)	هزار
senso (m) de humor	ḥess fokāhy (m)	حسّ فكاهي
divertir-se (vr)	estamtaʿ	إستمتع
alegre (adj)	farḥān	فرحان
diversão (f)	bahga (f)	بهجة
sorriso (m)	ebtesāma (f)	إبتسامة
sorrir (vi)	ebtasam	إبتسم
começar a rir	badaʾ yeḍḥak	بدأ يضحك
rir (vi)	ḍeḥek	ضحك
riso (m)	ḍeḥka (f)	ضحكة
anedota (f)	ḥekāya (f)	حكاية
engraçado (adj)	moḍḥek	مضحك
ridículo, cômico (adj)	moḍḥek	مضحك
brincar (vi)	hazzar	هزّر
piada (f)	nokta (f)	نكتة
alegria (f)	saʿāda (f)	سعادة
regozijar-se (vr)	mereḥ	مرح
alegre (adj)	saʿīd	سعيد

62. Discussão, conversação. Parte 1

comunicação (f)	tawāṣol (m)	تواصل
comunicar-se (vr)	tawāṣal	تواصل
conversa (f)	moḥadsa (f)	محادثة
diálogo (m)	ḥewār (m)	حوار
discussão (f)	monaʾʃa (f)	مناقشة
debate (m)	χelāf (m)	خلاف
debater (vt)	χālef	خالف
interlocutor (m)	muḥāwer (m)	محاوِر
tema (m)	mawḍūʿ (m)	موضوع
ponto (m) de vista	weg-het naẓar (f)	وجهة نظر

| opinião (f) | ra'yī (m) | رأي |
| discurso (m) | χeṭāb (m) | خطاب |

discussão (f)	mona'ʃa (f)	مناقشة
discutir (vt)	nã'eʃ	ناقش
conversa (f)	ḥadīs (m)	حديث
conversar (vi)	dardeʃ	دردش
reunião (f)	leqã' (m)	لقاء
encontrar-se (vr)	'ābel	قابل

provérbio (m)	masal (m)	مثل
ditado, provérbio (m)	maqūla (f)	مقولة
adivinha (f)	loɣz (m)	لغز
dizer uma adivinha	toʃakkel loɣz	تشكّل لغز
senha (f)	kelmet el morūr (f)	كلمة مرور
segredo (m)	serr (m)	سرّ

juramento (m)	qasam (m)	قسم
jurar (vi)	aqsam	أقسم
promessa (f)	wa'd (m)	وعد
prometer (vt)	wa'ad	وعد

conselho (m)	naṣīḥa (f)	نصيحة
aconselhar (vt)	naṣaḥ	نصح
seguir o conselho	tatabba' naṣīḥa	تتبّع نصيحة
escutar (~ os conselhos)	aṭā'	أطاع

novidade, notícia (f)	aχbār (m)	أخبار
sensação (f)	ḍagga (f)	ضجّة
informação (f)	ma'lumāt (pl)	معلومات
conclusão (f)	estentãg (f)	إستنتاج
voz (f)	ṣote (m)	صوت
elogio (m)	madḥ (m)	مدح
amável, querido (adj)	laṭīf	لطيف

palavra (f)	kelma (f)	كلمة
frase (f)	'ebāra (f)	عبارة
resposta (f)	gawāb (m)	جواب

| verdade (f) | ḥaʈa (f) | حقيقة |
| mentira (f) | kezb (m) | كذب |

pensamento (m)	fekra (f)	فكرة
ideia (f)	fekra (f)	فكرة
fantasia (f)	χayāl (m)	خيال

63. Discussão, conversação. Parte 2

estimado, respeitado (adj)	mohtaram	محترم
respeitar (vt)	ehtaram	إحترم
respeito (m)	ehterām (m)	إحترام
Estimado ..., Caro ...	'azīzy ...	عزيزي...
apresentar (alguém a alguém)	'arraf	عرّف

conhecer (vt)	ta'arraf	تعرّف
intenção (f)	niya (f)	نيّة
tencionar (~ fazer algo)	nawa	نوى
desejo (de boa sorte)	omniya (f)	أمنية
desejar (ex. ~ boa sorte)	tamanna	تمنّى
surpresa (f)	mofag'a (f)	مفاجأة
surpreender (vt)	fāga'	فاجئ
surpreender-se (vr)	etfāge'	إتفاجئ
dar (vt)	edda	أدّى
pegar (tomar)	aχad	أخد
devolver (vt)	radd	ردّ
retornar (vt)	ragga'	رجع
desculpar-se (vr)	e'tazar	إعتذر
desculpa (f)	e'tezār (m)	إعتذار
perdoar (vt)	'afa	عفا
falar (vi)	etkallem	إتكلّم
escutar (vt)	seme'	سمع
ouvir até o fim	seme'	سمع
entender (compreender)	fehem	فهم
mostrar (vt)	'araḍ	عرض
olhar para ...	baṣṣ	بصّ
chamar (alguém para ...)	nāda	نادى
perturbar, distrair (vt)	ʃaγal	شغل
perturbar (vt)	az'ag	أزعج
entregar (~ em mãos)	sallem	سلّم
pedido (m)	ṭalab (m)	طلب
pedir (ex. ~ ajuda)	ṭalab	طلب
exigência (f)	maṭlab (m)	مطلب
exigir (vt)	ṭāleb	طالب
insultar (chamar nomes)	γāẓ	غاظ
zombar (vt)	saχar	سخر
zombaria (f)	soχreya (f)	سخرية
alcunha (f), apelido (m)	esm el ʃohra (m)	اسم الشهرة
insinuação (f)	talmīḥ (m)	تلميح
insinuar (vt)	lammaḥ	لمّح
querer dizer	'aṣad	قصد
descrição (f)	waṣf (m)	وصف
descrever (vt)	waṣaf	وصف
elogio (m)	madḥ (m)	مدح
elogiar (vt)	madaḥ	مدح
desapontamento (m)	χeybet amal (f)	خيبة أمل
desapontar (vt)	χayab	خيّب
desapontar-se (vr)	χābet 'āmalo	خابت آماله
suposição (f)	efterāḍ (m)	إفتراض
supor (vt)	eftaraḍ	إفترض

advertência (f)	taḥzīr (m)	تحذير
advertir (vt)	ḥazzar	حذّر

64. Discussão, conversação. Parte 3

convencer (vt)	aqnaʿ	أقنع
acalmar (vt)	ṭamʾan	طمّان
silêncio (o ~ é de ouro)	sokūt (m)	سكوت
ficar em silêncio	seket	سكت
sussurrar (vt)	hamas	همس
sussurro (m)	hamsa (f)	همسة
francamente	beṣarāḥa	بصراحة
na minha opinião ...	fi raʾyi ...	... في رأيي
detalhe (~ da história)	tafṣīl (m)	تفصيل
detalhado (adj)	mofaṣṣal	مفصّل
detalhadamente	bel tafṣīl	بالتفصيل
dica (f)	talmīḥ (m)	تلميح
dar uma dica	edda lamḥa	أدى لمحة
olhar (m)	naẓra (f)	نظرة
dar uma olhada	alqa nazra	ألقى نظرة
fixo (olhada ~a)	sābet	ثابت
piscar (vi)	ramaʃ	رمش
piscar (vt)	ɣamaz	غمز
acenar com a cabeça	haz rāso	هزّ رأسه
suspiro (m)	tanhīda (f)	تنهيدة
suspirar (vi)	tanahhad	تنهّد
estremecer (vi)	ertaʿaʃ	ارتعش
gesto (m)	eʃāret yad (f)	إشارة يد
tocar (com as mãos)	lamas	لمس
agarrar (~ pelo braço)	mesek	مسك
bater de leve	ḥazz	حزّ
Cuidado!	χally bālak!	!خللي بالك
Sério?	feʿlan	فعلاً؟
Tem certeza?	enta motaʾakked?	أنت متأكّد؟
Boa sorte!	bel tawfīʾ!	!بالتوفيق
Entendi!	wāḍeḥ!	!واضح
Que pena!	ya χesāra!	!يا خسارة

65. Acordo. Recusa

consentimento (~ mútuo)	mowafʾa (f)	موافقة
consentir (vi)	wāfeʾ	وافق
aprovação (f)	ʾobūl (m)	قبول
aprovar (vt)	ʾabal	قبل
recusa (f)	rafḍ (m)	رفض

negar-se a …	rafaḍ	رفض
Ótimo!	ʿazīm!	!عظيم
Tudo bem!	tamām!	!تمام
Está bem! De acordo!	ettafaʼna!	!إتفقنا

proibido (adj)	mamnūʿ	ممنوع
é proibido	mamnūʿ	ممنوع
é impossível	mostaḥīl	مستحيل
incorreto (adj)	ɣeleṭ	غلط

rejeitar (~ um pedido)	rafaḍ	رفض
apoiar (vt)	ayed	أيّد
aceitar (desculpas, etc.)	ʼabal	قبل

confirmar (vt)	akkad	أكّد
confirmação (f)	taʼkīd (m)	تأكيد
permissão (f)	samāḥ (m)	سماح
permitir (vt)	samaḥ	سمح
decisão (f)	qarār (m)	قرار
não dizer nada	ṣamt	صمت

condição (com uma ~)	ʃarṭ (m)	شرط
pretexto (m)	ʿozr (m)	عذر
elogio (m)	madḥ (m)	مدح
elogiar (vt)	madaḥ	مدح

66. Sucesso. Boa sorte. Insucesso

êxito, sucesso (m)	nagāḥ (m)	نجاح
com êxito	be nagāḥ	بنجاح
bem sucedido (adj)	nāgeḥ	ناجح

sorte (fortuna)	ḥazz (m)	حظ
Boa sorte!	bel tawfīʼ!	!بالتوفيق
de sorte	maḥẓūẓ	محظوظ
sortudo, felizardo (adj)	maḥẓūẓ	محظوظ

fracasso (m)	faʃal (m)	فشل
pouca sorte (f)	sūʼ el ḥazz (m)	سوء الحظّ
azar (m), má sorte (f)	sūʼ el ḥazz (m)	سوء الحظّ

mal sucedido (adj)	ɣayr nāgeḥ	غير ناجح
catástrofe (f)	karsa (f)	كارثة

orgulho (m)	faχr (m)	فخر
orgulhoso (adj)	faχūr	فخور
estar orgulhoso, -a	eftaχar	إفتخر

vencedor (m)	fāʼez (m)	فائز
vencer (vi, vt)	fāz	فاز
perder (vt)	χeser	خسر
tentativa (f)	mohawla (f)	محاولة
tentar (vt)	ḥāwel	حاول
chance (m)	forṣa (f)	فرصة

67. Conflitos. Emoções negativas

grito (m)	ṣarχa (f)	صرخة
gritar (vi)	ṣarraχ	صرّخ
começar a gritar	ṣarraχ	صرّخ

discussão (f)	χenā'a (f)	خناقة
brigar (discutir)	etχāne'	إتخانق
escândalo (m)	χenā'a (f)	خناقة
criar escândalo	taʃāgar	تشاجر
conflito (m)	χelāf (m)	خلاف
mal-entendido (m)	sū' tafāhom (m)	سوء تفاهم

insulto (m)	ehāna (f)	إهانة
insultar (vt)	ahān	أهان
insultado (adj)	mohān	مهان
ofensa (f)	esteyā' (m)	إستياء
ofender (vt)	ahān	أهان
ofender-se (vr)	estā'	إستاء

indignação (f)	saχṭ (m)	سخط
indignar-se (vr)	estā'	إستاء
queixa (f)	ʃakwa (f)	شكوى
queixar-se (vr)	ʃaka	شكا

desculpa (f)	e'tezār (m)	إعتذار
desculpar-se (vr)	e'tazar	إعتذر
pedir perdão	e'tazar	إعتذر

crítica (f)	naqd (m)	نقد
criticar (vt)	naqad	نقد
acusação (f)	ettehām (m)	إتّهام
acusar (vt)	ettaham	إتّهم

vingança (f)	enteqām (m)	إنتقام
vingar (vt)	entaqam	إنتقم
vingar-se de	radd	ردّ

desprezo (m)	ezderā' (m)	إزدراء
desprezar (vt)	eḥtaqar	إحتقر
ódio (m)	korh (f)	كره
odiar (vt)	kereh	كره

nervoso (adj)	'aṣaby	عصبي
estar nervoso	etwattar	إتوتّر
zangado (adj)	ɣaḍbān	غضبان
zangar (vt)	narfez	نرفز

humilhação (f)	ezlāl (m)	إذلال
humilhar (vt)	zallel	ذلّل
humilhar-se (vr)	tazallal	تذلّل

choque (m)	ṣadma (f)	صدمة
chocar (vt)	ṣadam	صدم
aborrecimento (m)	moʃkela (f)	مشكلة

desagradável (adj)	karīh	كريه
medo (m)	χofe (m)	خوف
terrível (tempestade, etc.)	ʃedīd	شديد
assustador (ex. história ~a)	moχīf	مخيف
horror (m)	roʿb (m)	رعب
horrível (crime, etc.)	baʃeʿ	بشع

começar a tremer	ertaʿaʃ	إرتعش
chorar (vi)	baka	بكى
começar a chorar	bada' yebky	بدأ يبكي
lágrima (f)	damaʿa (f)	دمعة

falta (f)	ɣalṭa (f)	غلطة
culpa (f)	zanb (m)	ذنب
desonra (f)	ʿār (m)	عار
protesto (m)	eḥtegāg (m)	إحتجاج
estresse (m)	tawattor (m)	توتّر

perturbar (vt)	azʿag	أزعج
zangar-se com ...	ɣedeb	غضب
zangado (irritado)	ɣaḍbān	غضبان
terminar (vt)	anha	أنهى
praguejar	ʃatam	شتم

assustar-se	χāf	خاف
golpear (vt)	ḍarab	ضرب
brigar (na rua, etc.)	χāne'	خانق

resolver (o conflito)	sawwa	سوّى
descontente (adj)	meʃ rāḍy	مش راضي
furioso (adj)	ɣaḍbān	غضبان

| Não está bem! | keda meʃ kwayes! | كده مش كويّس! |
| É ruim! | keda weḥeʃ! | كده وحش! |

Medicina

68. Doenças

Português	Transliteração	Árabe
doença (f)	maraḍ (m)	مرض
estar doente	mereḍ	مرض
saúde (f)	ṣeḥḥa (f)	صحّة
nariz (m) escorrendo	raʃ-ḥ fel anf (m)	رشح في الأنف
amigdalite (f)	eltehāb el lawzateyn (m)	إلتهاب اللوزتين
resfriado (m)	zokām (m)	زكام
ficar resfriado	gālo bard	جاله برد
bronquite (f)	eltehāb ʃoʻaby (m)	إلتهاب شعبيّ
pneumonia (f)	eltehāb ra'awy (m)	إلتهاب رئوي
gripe (f)	influenza (f)	إنفلونزا
míope (adj)	'aṣīr el naẓar	قصير النظر
presbita (adj)	beʻīd el naẓar	بعيد النظر
estrabismo (m)	ḥawal (m)	حوَل
estrábico, vesgo (adj)	aḥwal	أحوَل
catarata (f)	katarakt (f)	كاتاراكت
glaucoma (m)	glawkoma (f)	جلوكوما
AVC (m), apoplexia (f)	sakta (f)	سكتة
ataque (m) cardíaco	azma 'albiya (f)	أزمة قلبية
enfarte (m) do miocárdio	nawba 'albiya (f)	نوبة قلبية
paralisia (f)	ʃalal (m)	شلل
paralisar (vt)	ʃall	شلّ
alergia (f)	ḥasasiya (f)	حساسيّة
asma (f)	rabw (m)	ربو
diabetes (f)	dā' el sokkary (m)	داء السكّري
dor (f) de dente	alam asnān (m)	ألم الأسنان
cárie (f)	naxr el asnān (m)	نخر الأسنان
diarreia (f)	es-hāl (m)	إسهال
prisão (f) de ventre	emsāk (m)	إمساك
desarranjo (m) intestinal	edṭrāb el meʻda (m)	إضطراب المعدة
intoxicação (f) alimentar	tasammom (m)	تسمّم
intoxicar-se	etsammem	إتسمّم
artrite (f)	eltehāb el mafāṣel (m)	إلتهاب المفاصل
raquitismo (m)	kosāḥ el aṭfāl (m)	كساح الأطفال
reumatismo (m)	rheumatism (m)	روماتزم
arteriosclerose (f)	taṣṣallob el ʃarayīn (m)	تصلّب الشرايين
gastrite (f)	eltehāb el meʻda (m)	إلتهاب المعدة
apendicite (f)	eltehāb el zayda el dūdiya (m)	إلتهاب الزائدة الدودية

colecistite (f)	eltehāb el marāra (m)	إلتهاب المرارة
úlcera (f)	qorḥa (f)	قرحة
sarampo (m)	maraḍ el ḥaṣba (m)	مرض الحصبة
rubéola (f)	el ḥaṣba el almaniya (f)	الحصبة الألمانية
icterícia (f)	yaraqān (m)	يرقان
hepatite (f)	eltehāb el kabed el vayrūsy (m)	إلتهاب الكبد الفيروسي
esquizofrenia (f)	fuṣām (m)	فصام
raiva (f)	dā' el kalb (m)	داء الكلب
neurose (f)	edṭrāb 'aṣaby (m)	إضطراب عصبي
contusão (f) cerebral	ertegāg el moχ (m)	إرتجاج المخ
câncer (m)	saraṭān (m)	سرطان
esclerose (f)	taṣṣallob (m)	تصلّب
esclerose (f) múltipla	taṣṣallob mota'added (m)	تصلّب متعدّد
alcoolismo (m)	edmān el χamr (m)	إدمان الخمر
alcoólico (m)	modmen el χamr (m)	مدمن الخمر
sífilis (f)	syfilis el zehry (m)	سفلس الزهري
AIDS (f)	el eydz (m)	الايدز
tumor (m)	waram (m)	ورم
maligno (adj)	χabīs	خبيث
benigno (adj)	ḥamīd (m)	حميد
febre (f)	ḥomma (f)	حمّى
malária (f)	malaria (f)	ملاريا
gangrena (f)	ɣanɣarīna (f)	غنغرينا
enjoo (m)	dawār el baḥr (m)	دوار البحر
epilepsia (f)	maraḍ el ṣara' (m)	مرض الصرع
epidemia (f)	wabā' (m)	وباء
tifo (m)	tyfus (m)	تيفوس
tuberculose (f)	maraḍ el soll (m)	مرض السلّ
cólera (f)	kōlīra (f)	كوليرا
peste (f) bubônica	ṭa'ūn (m)	طاعون

69. Sintomas. Tratamentos. Parte 1

sintoma (m)	'araḍ (m)	عرض
temperatura (f)	ḥarāra (f)	حرارة
febre (f)	ḥomma (f)	حمّى
pulso (m)	nabḍ (m)	نبض
vertigem (f)	dawχa (f)	دوخة
quente (testa, etc.)	soχn	سخن
calafrio (m)	ra'ʃa (f)	رعشة
pálido (adj)	aṣfar	أصفر
tosse (f)	kohḥa (f)	كحّة
tossir (vi)	kaḥḥ	كحّ
espirrar (vi)	'aṭas	عطس

desmaio (m)	dawχa (f)	دوخة
desmaiar (vi)	oγma 'aleyh	أغمي عليه
mancha (f) preta	kadma (f)	كدمة
galo (m)	tawarrom (m)	تورّم
machucar-se (vr)	etχabaṭ	إتخبط
contusão (f)	raḍḍa (f)	رضّة
machucar-se (vr)	etkadam	إتكدم
mancar (vi)	'arag	عرج
deslocamento (f)	χal' (m)	خلع
deslocar (vt)	χala'	خلع
fratura (f)	kasr (m)	كسر
fraturar (vt)	enkasar	إنكسر
corte (m)	garḥ (m)	جرح
cortar-se (vr)	garaḥ nafsoh	جرح نفسه
hemorragia (f)	nazīf (m)	نزيف
queimadura (f)	ḥar' (m)	حرق
queimar-se (vr)	et-ḥara'	إتحرق
picar (vt)	waχaz	وخز
picar-se (vr)	waχaz nafso	وخز نفسه
lesionar (vt)	aṣāb	أصاب
lesão (m)	eṣāba (f)	إصابة
ferida (f), ferimento (m)	garḥ (m)	جرح
trauma (m)	ṣadma (f)	صدمة
delirar (vi)	haza	هذى
gaguejar (vi)	tala'sam	تلعثم
insolação (f)	ḍarabet ʃams (f)	ضربة شمس

70. Sintomas. Tratamentos. Parte 2

dor (f)	alam (m)	ألم
farpa (no dedo, etc.)	ʃazya (f)	شظية
suor (m)	'er' (m)	عرق
suar (vi)	'ere'	عرق
vômito (m)	targee' (m)	ترجيع
convulsões (f pl)	taʃonnogāt (pl)	تشنّجات
grávida (adj)	ḥāmel	حامل
nascer (vi)	etwalad	اتوّلد
parto (m)	welāda (f)	ولادة
dar à luz	walad	ولد
aborto (m)	eg-hāḍ (m)	إجهاض
respiração (f)	tanaffos (m)	تنفّس
inspiração (f)	estenʃāq (m)	إستنشاق
expiração (f)	zafīr (m)	زفير
expirar (vi)	zafar	زفر
inspirar (vi)	estanʃaq	إستنشق

inválido (m)	mo'āq (m)	معاق
aleijado (m)	moq'ad (m)	مقعد
drogado (m)	modmen moχaddarāt (m)	مدمن مخدّرات
surdo (adj)	aṭraʃ	أطرش
mudo (adj)	aχras	أخرس
surdo-mudo (adj)	aṭraʃ aχras	أطرش أخرس
louco, insano (adj)	magnūn	مجنون
louco (m)	magnūn (m)	مجنون
louca (f)	magnūna (f)	مجنونة
ficar louco	etgannen	اتجنّ
gene (m)	ʒīn (m)	جين
imunidade (f)	manā'a (f)	مناعة
hereditário (adj)	werāsy	وراثي
congênito (adj)	χolqy men el welāda	خلقي من الولادة
vírus (m)	virūs (m)	فيروس
micróbio (m)	mikrūb (m)	ميكروب
bactéria (f)	garsūma (f)	جرثومة
infecção (f)	'adwa (f)	عدوى

71. Sintomas. Tratamentos. Parte 3

hospital (m)	mostaʃfa (m)	مستشفى
paciente (m)	marīḍ (m)	مريض
diagnóstico (m)	taʃχīṣ (m)	تشخيص
cura (f)	ʃefā' (m)	شفاء
tratamento (m) médico	'elāg ṭebby (m)	علاج طبي
curar-se (vr)	et'āleg	اتعالج
tratar (vt)	'ālag	عالج
cuidar (pessoa)	marraḍ	مرّض
cuidado (m)	'enāya (f)	عناية
operação (f)	'amaliya grāḥiya (f)	عمليّة جراحية
enfaixar (vt)	ḍammad	ضمّد
enfaixamento (m)	taḍmīd (m)	تضميد
vacinação (f)	talqīḥ (m)	تلقيح
vacinar (vt)	laqqaḥ	لقّح
injeção (f)	ḥo'na (f)	حقنة
dar uma injeção	ḥa'an ebra	حقن إبرة
ataque (~ de asma, etc.)	nawba (f)	نوبة
amputação (f)	batr (m)	بتر
amputar (vt)	batr	بتر
coma (f)	ɣaybūba (f)	غيبوبة
estar em coma	kān fi ḥālet ɣaybūba	كان في حالة غيبوبة
reanimação (f)	el 'enāya el morakkaza (f)	العناية المركّزة
recuperar-se (vr)	ʃefy	شفي
estado (~ de saúde)	ḥāla (f)	حالة

| consciência (perder a ~) | wa'y (m) | وعي |
| memória (f) | zākera (f) | ذاكرة |

tirar (vt)	xala'	خلع
obturação (f)	ḥaʃww (m)	حشو
obturar (vt)	ḥaʃa	حشا

| hipnose (f) | el tanwīm el meɣnaṭīsy (m) | التنويم المغناطيسي |
| hipnotizar (vt) | nawwem | نوّم |

72. Médicos

médico (m)	doktore (m)	دكتور
enfermeira (f)	momarreḍa (f)	ممرّضة
médico (m) pessoal	doktore ʃaxṣy (m)	دكتور شخصي

dentista (m)	doktore asnān (m)	دكتور أسنان
oculista (m)	doktore el 'oyūn (m)	دكتور العيون
terapeuta (m)	ṭabīb baṭna (m)	طبيب باطنة
cirurgião (m)	garrāḥ (m)	جرّاح

psiquiatra (m)	doktore nafsāny (m)	دكتور نفساني
pediatra (m)	doktore aṭfāl (m)	دكتور أطفال
psicólogo (m)	axeṣā'y 'elm el nafs (m)	أخصائي علم النفس
ginecologista (m)	doktore nesa (m)	دكتور نسا
cardiologista (m)	doktore 'alb (m)	دكتور قلب

73. Medicina. Drogas. Acessórios

medicamento (m)	dawā' (m)	دواء
remédio (m)	'elāg (m)	علاج
receitar (vt)	waṣaf	وصف
receita (f)	waṣfa (f)	وصفة

comprimido (m)	'orṣ (m)	قرص
unguento (m)	marham (m)	مرهم
ampola (f)	ambūla (f)	أمبولة
solução, preparado (m)	dawā' ʃorb (m)	دواء شراب
xarope (m)	ʃarāb (m)	شراب
cápsula (f)	ḥabba (f)	حبّة
pó (m)	zorūr (m)	ذرور

atadura (f)	ḍammāda ʃāʃ (f)	ضمادة شاش
algodão (m)	'oṭn (m)	قطن
iodo (m)	yūd (m)	يود

curativo (m) adesivo	blaster (m)	بلاستر
conta-gotas (m)	'aṭṭāra (f)	قطّارة
termômetro (m)	termometr (m)	ترمومتر
seringa (f)	serennga (f)	سرنّجة
cadeira (f) de rodas	korsy motaḥarrek (m)	كرسي متحرك
muletas (f pl)	'okkāz (m)	عكّاز

analgésico (m)	mosakken (m)	مسكّن
laxante (m)	molayen (m)	مليّن
álcool (m)	etanol (m)	إيثانول
ervas (f pl) medicinais	a'ʃāb ṭebbiya (pl)	أعشاب طبّية
de ervas (chá ~)	'oʃby	عشبي

74. Fumar. Produtos tabágicos

tabaco (m)	tabγ (m)	تبغ
cigarro (m)	segāra (f)	سيجارة
charuto (m)	segār (m)	سيجار
cachimbo (m)	γelyone (m)	غليون
maço (~ de cigarros)	'elba (f)	علبة

fósforos (m pl)	kebrīt (m)	كبريت
caixa (f) de fósforos	'elbet kebrīt (f)	علبة كبريت
isqueiro (m)	wallā'a (f)	ولّاعة
cinzeiro (m)	ṭa'ṭū'a (f)	طقطوقة
cigarreira (f)	'elbet sagāyer (f)	علبة سجائر

| piteira (f) | ḥamelet segāra (f) | حاملة سيجارة |
| filtro (m) | filter (m) | فلتر |

fumar (vi, vt)	dakxen	دخّن
acender um cigarro	walla' segāra	ولّع سيجارة
tabagismo (m)	tadxīn (m)	تدخين
fumante (m)	modakxen (m)	مدخّن

bituca (f)	'aqab segāra (m)	عقب سيجارة
fumaça (f)	dokxān (m)	دخّان
cinza (f)	ramād (m)	رماد

HABITAT HUMANO

Cidade

75. Cidade. Vida na cidade

cidade (f)	madīna (f)	مدينة
capital (f)	ʿāṣema (f)	عاصمة
aldeia (f)	qarya (f)	قرية
mapa (m) da cidade	ḵarīṭet el madinah (f)	خريطة المدينة
centro (m) da cidade	wesṭ el balad (m)	وسط البلد
subúrbio (m)	ḍāḥeya (f)	ضاحبة
suburbano (adj)	el ḍawāḥy	الضواحي
periferia (f)	aṭrāf el madīna (pl)	أطراف المدينة
arredores (m pl)	ḍawāḥy el madīna (pl)	ضواحي المدينة
quarteirão (m)	ḥayī (m)	حي
quarteirão (m) residencial	ḥayī sakany (m)	حي سكني
tráfego (m)	ḥaraket el morūr (f)	حركة المرور
semáforo (m)	eʃārāt el morūr (pl)	إشارات المرور
transporte (m) público	wasāʾel el naʾl (pl)	وسائل النقل
cruzamento (m)	taqāṭoʿ (m)	تقاطع
faixa (f)	maʿbar (m)	معبر
túnel (m) subterrâneo	nafaʾ moʃāh (m)	نفق مشاه
cruzar, atravessar (vt)	ʿabar	عبر
pedestre	māʃy (m)	ماشي
calçada (f)	raṣīf (m)	رصيف
ponte (f)	kobry (m)	كبري
margem (f) do rio	korneyʃ (m)	كورنيش
fonte (f)	nafūra (f)	نافورة
alameda (f)	mamʃa (m)	ممشى
parque (m)	ḥadīqa (f)	حديقة
bulevar (m)	bolvār (m)	بولفار
praça (f)	medān (m)	ميدان
avenida (f)	ʃāreʿ (m)	شارع
rua (f)	ʃāreʿ (m)	شارع
travessa (f)	zoʾāʾ (m)	زقاق
beco (m) sem saída	ṭarīʾ masdūd (m)	طريق مسدود
casa (f)	beyt (m)	بيت
edifício, prédio (m)	mabna (m)	مبنى
arranha-céu (m)	nāṭeḥet saḥāb (f)	ناطحة سحاب
fachada (f)	waɣa (f)	واجهة
telhado (m)	saʾf (m)	سقف

janela (f)	ʃebbāk (m)	شبّاك
arco (m)	qose (m)	قوس
coluna (f)	ʻamūd (m)	عمود
esquina (f)	zawya (f)	زاوية

vitrine (f)	vatrīna (f)	فترينة
letreiro (m)	yafṭa, lāfeta (f)	لافتة, يافطة
cartaz (do filme, etc.)	boster (m)	بوستر
cartaz (m) publicitário	boster e'lān (m)	بوستر إعلان
painel (m) publicitário	lawḥet e'lanāt (f)	لوحة إعلانات

lixo (m)	zebāla (f)	زبالة
lata (f) de lixo	ṣandū' zebāla (m)	صندوق زبالة
jogar lixo na rua	rama zebāla	رمى زبالة
aterro (m) sanitário	mazbala (f)	مزبلة

orelhão (m)	koʃk telefōn (m)	كشك تليفون
poste (m) de luz	ʻamūd nūr (m)	عمود نور
banco (m)	korsy (m)	كرسي

polícia (m)	ʃorṭy (m)	شرطي
polícia (instituição)	ʃorṭa (f)	شرطة
mendigo, pedinte (m)	ʃaḥḥāt (m)	شحّات
desabrigado (m)	motaʃarred (m)	متشرّد

76. Instituições urbanas

loja (f)	maḥal (m)	محل
drogaria (f)	ṣaydaliya (f)	صيدليّة
ótica (f)	maḥal naḍḍārāt (m)	محل نضّارات
centro (m) comercial	mole (m)	مول
supermercado (m)	subermarket (m)	سوبرماركت

padaria (f)	maxbaz (m)	مخبز
padeiro (m)	xabbāz (m)	خبّاز
pastelaria (f)	ḥalawāny (m)	حلواني
mercearia (f)	ba"āla (f)	بقّالة
açougue (m)	gezāra (f)	جزارة

fruteira (f)	dokkān xoḍār (m)	دكّان خضار
mercado (m)	sū' (f)	سوق

cafeteria (f)	'ahwa (f), kaféih (m)	قهوة, كافيه
restaurante (m)	maṭ'am (m)	مطعم
bar (m)	bār (m)	بار
pizzaria (f)	maḥal pizza (m)	محل بيتزا

salão (m) de cabeleireiro	ṣalone ḥelā'a (m)	صالون حلاقة
agência (f) dos correios	maktab el barīd (m)	مكتب البريد
lavanderia (f)	dray klīn (m)	دراي كلين
estúdio (m) fotográfico	estudio taṣwīr (m)	إستوديو تصوير

sapataria (f)	maḥal gezam (m)	محل جزم
livraria (f)	maḥal kotob (m)	محل كتب

loja (f) de artigos esportivos	maḥal mostalzamāt reyaḍiya (m)	محل مستلزمات رياضية
costureira (m)	maḥal xeyāṭet malābes (m)	محل خياطة ملابس
aluguel (m) de roupa	ta'gīr malābes rasmiya (m)	تأجير ملابس رسمية
videolocadora (f)	maḥal ta'gīr video (m)	محل تأجير فيديو
circo (m)	serk (m)	سيرك
jardim (m) zoológico	ḥadīqet el ḥayawān (f)	حديقة حيوان
cinema (m)	sinema (f)	سينما
museu (m)	mat-ḥaf (m)	متحف
biblioteca (f)	maktaba (f)	مكتبة
teatro (m)	masraḥ (m)	مسرح
ópera (f)	obra (f)	أوبرا
boate (casa noturna)	malha leyly (m)	ملهى ليلي
cassino (m)	kazino (m)	كازينو
mesquita (f)	masged (m)	مسجد
sinagoga (f)	kenīs (m)	كنيس
catedral (f)	katedra'iya (f)	كاتدرائية
templo (m)	ma'bad (m)	معبد
igreja (f)	kenīsa (f)	كنيسة
faculdade (f)	kolliya (m)	كليّة
universidade (f)	gam'a (f)	جامعة
escola (f)	madrasa (f)	مدرسة
prefeitura (f)	moqaṭ'a (f)	مقاطعة
câmara (f) municipal	baladiya (f)	بلديّة
hotel (m)	fondo' (m)	فندق
banco (m)	bank (m)	بنك
embaixada (f)	safāra (f)	سفارة
agência (f) de viagens	ʃerket seyāḥa (f)	شركة سياحة
agência (f) de informações	maktab el este'lāmāt (m)	مكتب الإستعلامات
casa (f) de câmbio	ṣarrāfa (f)	صرّافة
metrô (m)	metro (m)	مترو
hospital (m)	mostaʃfa (m)	مستشفى
posto (m) de gasolina	maḥaṭṭet banzīn (f)	محطّة بنزين
parque (m) de estacionamento	maw'ef el 'arabeyāt (m)	موقف العربيات

77. Transportes urbanos

ônibus (m)	buṣ (m)	باص
bonde (m) elétrico	trām (m)	ترام
trólebus (m)	trolly buṣ (m)	ترولي باص
rota (f), itinerário (m)	xaṭṭ (m)	خطّ
número (m)	raqam (m)	رقم
ir de ... (carro, etc.)	rāḥ be ...	... راح بـ
entrar no ...	rekeb	ركب
descer do ...	nezel men	نزل من

parada (f)	maw'af (m)	موقف
próxima parada (f)	el maḥaṭṭa el gaya (f)	المحطة الجايَة
terminal (m)	'āχer maw'af (m)	آخر موقف
horário (m)	gadwal (m)	جدوَل
esperar (vt)	estanna	إستنَى
passagem (f)	tazkara (f)	تذكرة
tarifa (f)	ogra (f)	أجرة
bilheteiro (m)	kaʃier (m)	كاشيير
controle (m) de passagens	taftīʃ el tazāker (m)	تفتيش التذاكر
revisor (m)	mofatteʃ tazāker (m)	مفتش تذاكر
atrasar-se (vr)	met'akχer	متأخِّر
perder (o autocarro, etc.)	ta'akχar	تأخَر
estar com pressa	mesta'gel	مستعجل
táxi (m)	taksi (m)	تاكسي
taxista (m)	sawwā' taksi (m)	سوّاق تاكسي
de táxi (ir ~)	bel taksi	بالتاكسي
ponto (m) de táxis	maw'ef taksi (m)	موقف تاكسي
chamar um táxi	kallem taksi	كلِّم تاكسي
pegar um táxi	aχad taksi	أخد تاكسي
tráfego (m)	ḥaraket el morūr (f)	حركة المرور
engarrafamento (m)	zaḥmet el morūr (f)	زحمة المرور
horas (f pl) de pico	sā'et el zorwa (f)	ساعة الذروة
estacionar (vi)	rakan	ركن
estacionar (vt)	rakan	ركن
parque (m) de estacionamento	maw'ef el 'arabeyāt (m)	موقف العربيات
metrô (m)	metro (m)	مترو
estação (f)	maḥatta (f)	محطّة
ir de metrô	aχad el metro	أخد المترو
trem (m)	qeṭār, 'aṭṭr (m)	قطار
estação (f) de trem	maḥattet qeṭār (f)	محطّة قطار

78. Turismo

monumento (m)	temsāl (m)	تمثال
fortaleza (f)	'al'a (f)	قلعة
palácio (m)	'aṣr (m)	قصر
castelo (m)	'al'a (f)	قلعة
torre (f)	borg (m)	برج
mausoléu (m)	ḍarīḥ (m)	ضريح
arquitetura (f)	handasa me'māriya (f)	هندسة معمارية
medieval (adj)	men el qorūn el wosṭa	من القرون الوسطى
antigo (adj)	'atīq	عتيق
nacional (adj)	waṭany	وطني
famoso, conhecido (adj)	maʃ-hūr	مشهور
turista (m)	sā'eḥ (m)	سائح
guia (pessoa)	morʃed (m)	مرشد

excursão (f)	gawla (f)	جولة
mostrar (vt)	warra	ورّى
contar (vt)	'āl	قال

encontrar (vt)	la'a	لقى
perder-se (vr)	dā'	ضاع
mapa (~ do metrô)	χarīṭa (f)	خريطة
mapa (~ da cidade)	χarīṭa (f)	خريطة

lembrança (f), presente (m)	tezkār (m)	تذكار
loja (f) de presentes	maḥal hadāya (m)	محل هدايا
tirar fotos, fotografar	ṣawwar	صوّر
fotografar-se (vr)	etṣawwar	إتصوّر

79. Compras

comprar (vt)	eſtara	إشترى
compra (f)	ḥāga (f)	حاجة
fazer compras	eſtara	إشترى
compras (f pl)	ſobbing (m)	شوبينج

| estar aberta (loja) | maftūḥ | مفتوح |
| estar fechada | moүlaq | مغلق |

calçado (m)	gezam (pl)	جزم
roupa (f)	malābes (pl)	ملابس
cosméticos (m pl)	mawād tagmīl (pl)	مواد تجميل
alimentos (m pl)	akl (m)	أكل
presente (m)	hediya (f)	هديّة

| vendedor (m) | bayā' (m) | بيّاع |
| vendedora (f) | bayā'a (f) | بيّاعة |

caixa (f)	ṣandū' el dafʿ (m)	صندوق الدفع
espelho (m)	merāya (f)	مراية
balcão (m)	manḍada (f)	منضدة
provador (m)	үorfet el 'eyās (f)	غرفة القياس

provar (vt)	garrab	جرّب
servir (roupa, caber)	nāseb	ناسب
gostar (apreciar)	'agab	عجب

preço (m)	seʿr (m)	سعر
etiqueta (f) de preço	tiket el seʿr (m)	تيكت السعر
custar (vt)	kallef	كلّف
Quanto?	bekām?	بكام؟
desconto (m)	χaṣm (m)	خصم

não caro (adj)	meſ үāly	مش غالي
barato (adj)	reχīṣ	رخيص
caro (adj)	үāly	غالي
É caro	da үāly	ده غالي
aluguel (m)	este'gār (m)	إستئجار
alugar (roupas, etc.)	est'gar	إستأجر

| crédito (m) | e'temān (m) | إئتمان |
| a crédito | bel ta'seeṭ | بالتقسيط |

80. Dinheiro

dinheiro (m)	folūs (pl)	فلوس
câmbio (m)	taḥwīl 'omla (m)	تحويل عملة
taxa (f) de câmbio	se'r el ṣarf (m)	سعر الصرف
caixa (m) eletrônico	makinet ṣarrāf 'āly (f)	ماكينة صرّاف آلي
moeda (f)	'erʃ (m)	قرش

| dólar (m) | dolār (m) | دولار |
| euro (m) | yoro (m) | يورو |

lira (f)	lira (f)	ليرة
marco (m)	el mark el almāny (m)	المارك الألماني
franco (m)	frank (m)	فرنك
libra (f) esterlina	geneyh esterlīny (m)	جنيه استرليني
iene (m)	yen (m)	ين

dívida (f)	deyn (m)	دين
devedor (m)	modīn (m)	مدين
emprestar (vt)	sallef	سلّف
pedir emprestado	estalaf	إستلف

banco (m)	bank (m)	بنك
conta (f)	ḥesāb (m)	حساب
depositar (vt)	awda'	أودع
depositar na conta	awda' fel ḥesāb	أودع في الحساب
sacar (vt)	saḥab men el ḥesāb	سحب من الحساب

cartão (m) de crédito	kredit kard (f)	كريدت كارد
dinheiro (m) vivo	kæʃ (m)	كاش
cheque (m)	ʃīk (m)	شيك
passar um cheque	katab ʃīk	كتب شيك
talão (m) de cheques	daftar ʃikāt (m)	دفتر شيكات

carteira (f)	maḥfaẓa (f)	محفظة
niqueleira (f)	maḥfazet fakka (f)	محفظة فكّة
cofre (m)	xazzāna (f)	خزّانة

herdeiro (m)	wāres (m)	وارث
herança (f)	werāsa (f)	وراثة
fortuna (riqueza)	sarwa (f)	ثروة

arrendamento (m)	'a'd el egār (m)	عقد الإيجار
aluguel (pagar o ~)	ogret el sakan (f)	أجرة السكن
alugar (vt)	est'gar	إستأجر

preço (m)	se'r (m)	سعر
custo (m)	taman (m)	ثمن
soma (f)	mablaɣ (m)	مبلغ
gastar (vt)	ṣaraf	صرف
gastos (m pl)	maṣarīf (pl)	مصاريف

| economizar (vi) | waffar | وَفَّر |
| economico (adj) | mowaffer | مُوَفِّر |

pagar (vt)	dafa'	دفع
pagamento (m)	daf' (m)	دفع
troco (m)	el bā'y (m)	الباقي

imposto (m)	ḍarība (f)	ضريبة
multa (f)	ɣarāma (f)	غرامة
multar (vt)	faraḍ ɣarāma	فرض غرامة

81. Correios. Serviço postal

agência (f) dos correios	maktab el barīd (m)	مكتب البريد
correio (m)	el barīd (m)	البريد
carteiro (m)	sā'y el barīd (m)	ساعي البريد
horário (m)	aw'āt el 'amal (pl)	أوقات العمل

carta (f)	resāla (f)	رسالة
carta (f) registada	resāla mosaggala (f)	رسالة مسجّلة
cartão (m) postal	kart barīdy (m)	كرت بريدي
telegrama (m)	barqiya (f)	برقيّة
encomenda (f)	ṭard (m)	طرد
transferência (f) de dinheiro	ḥewāla māliya (f)	حوالة مالية

receber (vt)	estalam	إستلم
enviar (vt)	arsal	أرسل
envio (m)	ersāl (m)	إرسال

endereço (m)	'enwān (m)	عنوان
código (m) postal	raqam el barīd (m)	رقم البريد
remetente (m)	morsel (m)	مرسل
destinatário (m)	morsel elayh (m)	مرسل إليه

| nome (m) | esm (m) | اسم |
| sobrenome (m) | esm el 'a'ela (m) | اسم العائلة |

tarifa (f)	ta'rīfa (f)	تعريفة
ordinário (adj)	'ādy	عادي
economico (adj)	mowaffer	مُوَفِّر

peso (m)	wazn (m)	وزن
pesar (estabelecer o peso)	wazan	وزن
envelope (m)	ẓarf (m)	ظرف
selo (m) postal	ṭābe' (m)	طابع
colar o selo	alṣaq ṭābe'	ألصق طابع

Moradia. Casa. Lar

82. Casa. Habitação

casa (f)	beyt (m)	بيت
em casa	fel beyt	في البيت
pátio (m), quintal (f)	sāḥa (f)	ساحة
cerca, grade (f)	sūr (m)	سور
tijolo (m)	ṭūb (m)	طوب
de tijolos	men el ṭūb	من الطوب
pedra (f)	ḥagar (m)	حجر
de pedra	ḥagary	حجري
concreto (m)	χarasāna (f)	خرسانة
concreto (adj)	χarasāny	خرساني
novo (adj)	gedīd	جديد
velho (adj)	ʼadīm	قديم
decrépito (adj)	ʼāayel lel soqūṭ	آيل للسقوط
moderno (adj)	moʻāṣer	معاصر
de vários andares	motaʻadded el ṭawābeq	متعدّد الطوابق
alto (adj)	ʻāly	عالي
andar (m)	dore (m)	دور
de um andar	zu ṭābeq wāḥed	ذو طابق واحد
térreo (m)	el dore el awwal (m)	الدور الأوّل
andar (m) de cima	ṭābeʼ ʻolwy (m)	طابق علوي
telhado (m)	saʼf (m)	سقف
chaminé (f)	madχana (f)	مدخنة
telha (f)	qarmīd (m)	قرميد
de telha	men el qarmīd	من القرميد
sótão (m)	ʻelya (f)	علية
janela (f)	ʃebbāk (m)	شبّاك
vidro (m)	ezāz (m)	إزاز
parapeito (m)	ḥāfet el ʃebbāk (f)	حافة الشبّاك
persianas (f pl)	ʃīʃ (m)	شيش
parede (f)	ḥeyṭa (f)	حيطة
varanda (f)	balakona (f)	بلكونة
calha (f)	masūret el taṣrīf (f)	ماسورة التصريف
em cima	foʼe	فوق
subir (vi)	ṭeleʻ	طلع
descer (vi)	nezel	نزل
mudar-se (vr)	naʼal	نقل

83. Casa. Entrada. Elevador

entrada (f)	madχal (m)	مدخل
escada (f)	sellem (m)	سلّم
degraus (m pl)	daragāt (pl)	درجات
corrimão (m)	drabzīn (m)	درابزين
hall (m) de entrada	ṣāla (f)	صالة

caixa (f) de correio	ṣandū' el barīd (m)	صندوق البريد
lata (f) do lixo	ṣandū' el zebāla (m)	صندوق الزبالة
calha (f) de lixo	manfaz el zebāla (m)	منفذ الزبالة

elevador (m)	asanseyr (m)	اسانسير
elevador (m) de carga	asanseyr el ʃaḥn (m)	اسانسير الشحن
cabine (f)	kabīna (f)	كابينة
pegar o elevador	rekeb el asanseyr	ركب الاسانسير

apartamento (m)	ʃa''a (f)	شقّة
residentes (pl)	sokkān (pl)	سكّان
vizinho (m)	gār (m)	جار
vizinha (f)	gāra (f)	جارة
vizinhos (pl)	gerān (pl)	جيران

84. Casa. Portas. Fechaduras

porta (f)	bāb (m)	باب
portão (m)	bawwāba (f)	بوّابة
maçaneta (f)	okret el bāb (f)	اوكرة الباب
destrancar (vt)	fataḥ	فتح
abrir (vt)	fataḥ	فتح
fechar (vt)	'afal	قفل

chave (f)	meftāḥ (m)	مفتاح
molho (m)	rabṭa (f)	ربطة
ranger (vi)	ṣarr	صر
rangido (m)	ṣarīr (m)	صرير
dobradiça (f)	mafaṣṣla (f)	مفصّلة
capacho (m)	seggādet bāb (f)	سجّادة باب

fechadura (f)	'efl el bāb (m)	قفل الباب
buraco (m) da fechadura	χorm el meftāḥ (m)	خرم المفتاح
barra (f)	terbās (m)	ترباس
fecho (ferrolho pequeno)	terbās (m)	ترباس
cadeado (m)	'efl (m)	قفل

tocar (vt)	rann	رنّ
toque (m)	ranīn (m)	رنين
campainha (f)	garas (m)	جرس
botão (m)	zerr (m)	زر
batida (f)	ṭar', da'' (m)	طرق، دقّ
bater (vi)	χabbaṭ	خبط
código (m)	kōd (m)	كود
fechadura (f) de código	kōd (m)	كود

interfone (m)	garas el bāb (m)	جرس الباب
número (m)	raqam (m)	رقم
placa (f) de porta	lawḥa (f)	لوحة
olho (m) mágico	el ʿeyn el seḥriya (m)	العين السحرية

85. Casa de campo

aldeia (f)	qarya (f)	قرية
horta (f)	bostān xoḍār (m)	بستان خضار
cerca (f)	sūr (m)	سور
cerca (f) de piquete	sūr (m)	سور
portão (f) do jardim	bawwāba farʿiya (f)	بوّابة فرعيّة
celeiro (m)	ʃouna (f)	شونة
adega (f)	serdāb (m)	سرداب
galpão, barracão (m)	saʿīfa (f)	سقيفة
poço (m)	bīr (m)	بير
fogão (m)	forn (m)	فرن
atiçar o fogo	awqad el botogāz	أوقد البوتاجاز
lenha (carvão ou ~)	ḥaṭab (m)	حطب
acha, lenha (f)	ʾeṭʿet ḥaṭab (f)	قطعة حطب
varanda (f)	varannda (f)	فاراندة
alpendre (m)	ʃorfa (f)	شرفة
degraus (m pl) de entrada	sellem (m)	سلّم
balanço (m)	morgeyḥa (f)	مرجحة

86. Castelo. Palácio

castelo (m)	ʾalʿa (f)	قلعة
palácio (m)	ʾaṣr (m)	قصر
fortaleza (f)	ʾalʿa (f)	قلعة
muralha (f)	sūr (m)	سور
torre (f)	borg (m)	برج
calabouço (m)	borbg raʾīsy (m)	برج رئيسي
grade (f) levadiça	bāb motaḥarrek (m)	باب متحرّك
passagem (f) subterrânea	serdāb (m)	سرداب
fosso (m)	xondoq māʾy (m)	خندق مائي
corrente, cadeia (f)	selsela (f)	سلسلة
seteira (f)	mozɣal (m)	مزغل
magnífico (adj)	rāʾeʿ	رائع
majestoso (adj)	mohīb	مهيب
inexpugnável (adj)	maneeʿ	منيع
medieval (adj)	men el qorūn el wosṭa	من القرون الوسطى

87. Apartamento

apartamento (m)	ʃa''a (f)	شَقَّة
quarto, cômodo (m)	oḍa (f)	أوضة
quarto (m) de dormir	oḍet el nome (f)	أوضة النوم
sala (f) de jantar	oḍet el sofra (f)	أوضة السفرة
sala (f) de estar	oḍet el esteqbāl (f)	أوضة الإستقبال
escritório (m)	maktab (m)	مكتب
sala (f) de entrada	madχal (m)	مدخل
banheiro (m)	ḥammām (m)	حمّام
lavabo (m)	ḥammām (m)	حمّام
teto (m)	sa'f (m)	سقف
chão, piso (m)	arḍiya (f)	أرضية
canto (m)	zawya (f)	زاوية

88. Apartamento. Limpeza

arrumar, limpar (vt)	naḍḍaf	نظّف
guardar (no armário, etc.)	ʃāl	شال
pó (m)	γobār (m)	غبار
empoeirado (adj)	meγabbar	مغبّر
tirar o pó	masaḥ el γobār	مسح الغبار
aspirador (m)	maknasa kahraba'iya (f)	مكنسة كهربائيّة
aspirar (vt)	naḍḍaf be maknasa kahrabā'iya	نظّف بمكنسة كهربائيّة
varrer (vt)	kanas	كنس
sujeira (f)	qomāma (f)	قمامة
arrumação, ordem (f)	nezām (m)	نظام
desordem (f)	fawḍa (m)	فوضى
esfregão (m)	ʃarʃūba (f)	شرشوبة
pano (m), trapo (m)	mamsaḥa (f)	ممسحة
vassoura (f)	ma'sʃa (f)	مقشّة
pá (f) de lixo	lammāma (f)	لمّامة

89. Mobiliário. Interior

mobiliário (m)	asās (m)	أثاث
mesa (f)	maktab (m)	مكتب
cadeira (f)	korsy (m)	كرسي
cama (f)	serīr (m)	سرير
sofá, divã (m)	kanaba (f)	كنبة
poltrona (f)	korsy (m)	كرسي
estante (f)	χazzānet kotob (f)	خزّانة كتب
prateleira (f)	raff (m)	رفّ
guarda-roupas (m)	dolāb (m)	دولاب
cabide (m) de parede	ʃammā'a (f)	شمّاعة

cabideiro (m) de pé	ʃammāʿa (f)	شمّاعة
cômoda (f)	dolāb adrāg (m)	دولاب أدراج
mesinha (f) de centro	ṭarabeyzet el 'ahwa (f)	طرابيزة القهوة

espelho (m)	merāya (f)	مراية
tapete (m)	seggāda (f)	سجّادة
tapete (m) pequeno	seggāda (f)	سجّادة

lareira (f)	daffāya (f)	دفّاية
vela (f)	ʃamʿa (f)	شمعة
castiçal (m)	ʃamʿadān (m)	شمعدان

cortinas (f pl)	satāʾer (pl)	ستائر
papel (m) de parede	waraʾ ḥāʾeṭ (m)	ورق حائط
persianas (f pl)	satāʾer ofoqiya (pl)	ستائر أفقيّة

luminária (f) de mesa	abāʒūr (f)	اباجورة
luminária (f) de parede	lammbet ḥāʾeṭ (f)	لمبة حائط
abajur (m) de pé	meṣbāḥ arḍy (m)	مصباح أرضي
lustre (m)	nagafa (f)	نجفة

pé (de mesa, etc.)	regl (f)	رجل
braço, descanso (m)	masnad (m)	مسند
costas (f pl)	masnad (m)	مسند
gaveta (f)	dorg (m)	درج

90. Quarto de dormir

roupa (f) de cama	bayāḍāt el serīr (pl)	بياضات السرير
travesseiro (m)	maxadda (f)	مخدّة
fronha (f)	kīs el maxadda (m)	كيس المخدّة
cobertor (m)	leḥāf (m)	لحاف
lençol (m)	melāya (f)	ملاية
colcha (f)	ɣaṭāʾ el serīr (m)	غطاء السرير

91. Cozinha

cozinha (f)	maṭbax (m)	مطبخ
gás (m)	ɣāz (m)	غاز
fogão (m) a gás	boṭoɣāz (m)	بوتوغاز
fogão (m) elétrico	forn kaharabāʾy (m)	فرن كهربائي
forno (m)	forn (m)	فرن
forno (m) de micro-ondas	mikroweyv (m)	ميكروويف

geladeira (f)	tallāga (f)	ثلاجة
congelador (m)	freyzer (m)	فريزر
máquina (f) de lavar louça	ɣassālet aṭbāʾ (f)	غسّالة أطباق

moedor (m) de carne	farrāmet laḥm (f)	فرّامة لحم
espremedor (m)	ʿaṣṣāra (f)	عصّارة
torradeira (f)	maḥmaṣet xobz (f)	محمصة خبز
batedeira (f)	xallāṭ (m)	خلّاط

máquina (f) de café	makinet ṣonʿ el 'ahwa (f)	ماكينة صنع القهوة
cafeteira (f)	ɣallāya kahraba'iya (f)	غلاية القهوة
moedor (m) de café	maṭ-ḥanet 'ahwa (f)	مطحنة قهوة

chaleira (f)	ɣallāya (f)	غلاية
bule (m)	barrād el ʃāy (m)	برّاد الشاي
tampa (f)	ɣaṭā' (m)	غطاء
coador (m) de chá	maṣfāh el ʃāy (f)	مصفاة الشاي

colher (f)	maʿlaʿa (f)	معلقة
colher (f) de chá	maʿlaʿet ʃāy (f)	معلقة شاي
colher (f) de sopa	maʿlaʿa kebīra (f)	ملعقة كبيرة
garfo (m)	ʃawka (f)	شوكة
faca (f)	sekkīna (f)	سكّينة

louça (f)	awāny (pl)	أواني
prato (m)	ṭaba' (m)	طبق
pires (m)	ṭaba' fengān (m)	طبق فنجان

cálice (m)	kāsa (f)	كاسة
copo (m)	kobbāya (f)	كوبّاية
xícara (f)	fengān (m)	فنجان

açucareiro (m)	sokkariya (f)	سكّريّة
saleiro (m)	mamlaḥa (f)	مملحة
pimenteiro (m)	mobhera (f)	مبهرة
manteigueira (f)	ṭaba' zebda (m)	طبق زبدة

panela (f)	ḥalla (f)	حلّة
frigideira (f)	ṭāsa (f)	طاسة
concha (f)	maɣrafa (f)	مغرفة
coador (m)	maṣfāh (f)	مصفاه
bandeja (f)	ṣeniya (f)	صينيّة

garrafa (f)	ezāza (f)	إزازة
pote (m) de vidro	barṭamān (m)	برطمان
lata (~ de cerveja)	kanz (m)	كانز

abridor (m) de garrafa	fattāḥa (f)	فتّاحة
abridor (m) de latas	fattāḥa (f)	فتّاحة
saca-rolhas (m)	barrīma (f)	بريّمة
filtro (m)	filter (m)	فلتر
filtrar (vt)	ṣaffa	صفّى

lixo (m)	zebāla (f)	زبالة
lixeira (f)	ṣandū' el zebāla (m)	صندوق الزبالة

92. Casa de banho

banheiro (m)	ḥammām (m)	حمّام
água (f)	meyāh (f)	مياه
torneira (f)	ḥanafiya (f)	حنفيّة
água (f) quente	maya soχna (f)	ميّة سخنة
água (f) fria	maya barda (f)	ميّة باردة

pasta (f) de dente	ma'gūn asnān (m)	معجون أسنان
escovar os dentes	naḍḍaf el asnān	نظف الأسنان
escova (f) de dente	forʃet senān (f)	فرشة أسنان
barbear-se (vr)	ḥala'	حلق
espuma (f) de barbear	raɣwa lel ḥelā'a (f)	رغوة للحلاقة
gilete (f)	mūs (m)	موس
lavar (vt)	ɣasal	غسل
tomar banho	estaḥamma	إستحمّى
chuveiro (m), ducha (f)	doʃ (m)	دوش
tomar uma ducha	aχad doʃ	أخد دوش
banheira (f)	banyo (m)	بانيو
vaso (m) sanitário	twalet (m)	تواليت
pia (f)	ḥoḍe (m)	حوض
sabonete (m)	ṣabūn (m)	صابون
saboneteira (f)	ṣabbāna (f)	صبّانة
esponja (f)	līfa (f)	ليفة
xampu (m)	ʃambū (m)	شامبو
toalha (f)	fūṭa (f)	فوطة
roupão (m) de banho	robe el ḥammām (m)	روب حمّام
lavagem (f)	ɣasīl (m)	غسيل
lavadora (f) de roupas	ɣassāla (f)	غسّالة
lavar a roupa	ɣasal el malābes	غسل الملابس
detergente (m)	mas-ḥū' ɣasīl (m)	مسحوق غسيل

93. Eletrodomésticos

televisor (m)	televizion (m)	تليفزيون
gravador (m)	gehāz tasgīl (m)	جهاز تسجيل
videogravador (m)	'āla tasgīl video (f)	آلة تسجيل فيديو
rádio (m)	gehāz radio (m)	جهاز راديو
leitor (m)	blayer (m)	بليير
projetor (m)	gehāz 'arḍ (m)	جهاز عرض
cinema (m) em casa	sinema manzeliya (f)	سينما منزليّة
DVD Player (m)	dividī blayer (m)	دي في دي بليير
amplificador (m)	mokabbaer el ṣote (m)	مكبّر الصوت
console (f) de jogos	'ātāry (m)	أتاري
câmera (f) de vídeo	kamera video (f)	كاميرا فيديو
máquina (f) fotográfica	kamera (f)	كاميرا
câmera (f) digital	kamera diʒital (f)	كاميرا ديجيتال
aspirador (m)	maknasa kahraba'iya (f)	مكنسة كهربائيّة
ferro (m) de passar	makwa (f)	مكواة
tábua (f) de passar	lawḥet kayī (f)	لوحة كيّ
telefone (m)	telefon (m)	تليفون
celular (m)	mobile (m)	موبايل

| máquina (f) de escrever | 'āla katba (f) | آلة كاتبة |
| máquina (f) de costura | makanet el xeyāṭa (f) | مكنة الخياطة |

microfone (m)	mikrofon (m)	ميكروفون
fone (m) de ouvido	samma'āt ra'siya (pl)	سمَاعات رأسية
controle remoto (m)	remowt kontrol (m)	ريموت كنترول

CD (m)	sidī (m)	سي دي
fita (f) cassete	kasett (m)	كاسيت
disco (m) de vinil	esṭewāna mūsīqa (f)	أسطوانة موسيقى

94. Reparações. Renovação

renovação (f)	tagdīdāt (m)	تجديدات
renovar (vt), fazer obras	gadded	جدّد
reparar (vt)	ṣallaḥ	صلّح
consertar (vt)	nazzam	نظّم
refazer (vt)	'ād	عاد

tinta (f)	dehān (m)	دهان
pintar (vt)	dahhen	دهّن
pintor (m)	dahhān (m)	دهّان
pincel (m)	forʃet dehān (f)	فرشاة الدهان

| cal (f) | maḥlūl mobayeḍ (m) | محلول مبيّض |
| caiar (vt) | beyḍ | بيّض |

papel (m) de parede	wara' ḥā'eṭ (m)	ورق حائط
colocar papel de parede	laṣaq wara' el ḥā'eṭ	لصق ورق الحائط
verniz (m)	warnīʃ (m)	ورنيش
envernizar (vt)	ṭala bel warnīʃ	طلى بالورنيش

95. Canalizações

água (f)	meyāh (f)	مياه
água (f) quente	maya soxna (f)	مايّة سخنة
água (f) fria	maya barda (f)	مايّة باردة
torneira (f)	ḥanafiya (f)	حنفيّة

gota (f)	'aṭra (f)	قطرة
gotejar (vi)	'aṭṭar	قطّر
vazar (vt)	sarrab	سرّب
vazamento (m)	tasarrob (m)	تسرب
poça (f)	berka (f)	بركة

tubo (m)	masūra (f)	ماسورة
válvula (f)	ṣamām (m)	صمام
entupir-se (vr)	kān masdūd	كان مسدود

ferramentas (f pl)	adawāt (pl)	أدوات
chave (f) inglesa	el meftāḥ el englīzy (m)	المفتاح الإنجليزي
desenroscar (vt)	fataḥ	فتح

enroscar (vt)	aḥkam el ʃadd	أحكم الشدّ
desentupir (vt)	sallek	سلّك
encanador (m)	samkary (m)	سمكري
porão (m)	badrome (m)	بدروم
rede (f) de esgotos	ʃabaket el magāry (f)	شبكة المجاري

96. Fogo. Deflagração

incêndio (m)	ḥarīˀ (m)	حريق
chama (f)	lahab (m)	لهب
faísca (f)	ʃarāra (f)	شرارة
fumaça (f)	dokxān (m)	دخَان
tocha (f)	ʃo'la (f)	شعلة
fogueira (f)	nār moxayem (m)	نار مخيّم

gasolina (f)	banzīn (m)	بنزين
querosene (m)	kerosīn (m)	كيروسين
inflamável (adj)	qābel lel eḥterāq	قابل للإحتراق
explosivo (adj)	māda motafaggera	مادة متفجِّرة
PROIBIDO FUMAR!	mamnūˁ el tadxīn	ممنوع التدخين

segurança (f)	amn (m)	أمن
perigo (m)	xaṭar (m)	خطر
perigoso (adj)	xaṭīr	خطير

incendiar-se (vr)	eʃta'al	إشتعل
explosão (f)	enfegār (m)	إنفجار
incendiar (vt)	aʃ'al el nār	أشعل النار
incendiário (m)	moʃ'el ḥarīq 'an 'amd (m)	مشعل حريق عن عمد
incêndio (m) criminoso	eḥrāq el momtalakāt (m)	إحراق الممتلكات

flamejar (vi)	awhag	أوهج
queimar (vi)	et-ḥaraˀ	إتحرق
queimar tudo (vi)	et-ḥaraˀ	إتحرق

chamar os bombeiros	kallim ˀism el ḥarīˀ	كلّم قسم الحريق
bombeiro (m)	rāgel el maṭāfy (m)	راجل المطافي
caminhão (m) de bombeiros	sayāret el maṭāfy (f)	سيّارة المطافي
corpo (m) de bombeiros	ˀesm el maṭāfy (f)	قسم المطافي
escada (f) extensível	sellem el maṭāfy (m)	سلّم المطافي

mangueira (f)	xarṭūm el mayya (m)	خرطوم الميّة
extintor (m)	ṭaffayet ḥarīˀ (f)	طفّاية حريق
capacete (m)	xawza (f)	خوذة
sirene (f)	sarīna (f)	سرينة

gritar (vi)	ṣarrax	صرّخ
chamar por socorro	estayās	إستغاث
socorrista (m)	monqez (m)	منقذ
salvar, resgatar (vt)	anqaz	أنقذ

chegar (vi)	weṣel	وصل
apagar (vt)	ṭaffa	طفّى
água (f)	meyāh (f)	مياه

areia (f)	raml (m)	رمل
ruínas (f pl)	ḥeṭām (pl)	حطام
ruir (vi)	enhār	إنهار
desmoronar (vi)	enhār	إنهار
desabar (vi)	enhār	إنهار

| fragmento (m) | 'eṭ'et ḥeṭām (f) | قطعة حطام |
| cinza (f) | ramād (m) | رماد |

| sufocar (vi) | eθχana' | إتخنق |
| perecer (vi) | māt | مات |

ATIVIDADES HUMANAS

Emprego. Negócios. Parte 1

97. Banca

banco (m)	bank (m)	بنك
balcão (f)	farʿ (m)	فرع
consultor (m) bancário	mowazzaf bank (m)	موظّف بنك
gerente (m)	modīr (m)	مدير
conta (f)	ḥesāb bank (m)	حساب بنك
número (m) da conta	raqam el ḥesāb (m)	رقم الحساب
conta (f) corrente	ḥesāb gāry (m)	حساب جاري
conta (f) poupança	ḥesāb tawfīr (m)	حساب توفير
abrir uma conta	fataḥ ḥesāb	فتح حساب
fechar uma conta	ʾafal ḥesāb	قفل حساب
depositar na conta	awdaʿ fel ḥesāb	أودع في الحساب
sacar (vt)	saḥab men el ḥesāb	سحب من الحساب
depósito (m)	wadeeʿa (f)	وديعة
fazer um depósito	awdaʿ	أودع
transferência (f) bancária	ḥewāla maṣrefiya (f)	حوالة مصرفيّة
transferir (vt)	ḥawwel	حوّل
soma (f)	mablaɣ (m)	مبلغ
Quanto?	kām?	كام؟
assinatura (f)	tawqeeʿ (m)	توقيع
assinar (vt)	waqqaʿ	وقّع
cartão (m) de crédito	kredit kard (f)	كريدت كارد
senha (f)	kōd (m)	كود
número (m) do cartão de crédito	raqam el kredit kard (m)	رقم الكريدت كارد
caixa (m) eletrônico	makinet ṣarrāf ʾāly (f)	ماكينة صرّاف آلي
cheque (m)	ʃīk (m)	شيك
passar um cheque	katab ʃīk	كتب شيك
talão (m) de cheques	daftar ʃikāt (m)	دفتر شيكات
empréstimo (m)	qarḍ (m)	قرض
pedir um empréstimo	ʾaddem ṭalab ʿala qarḍ	قدّم طلب على قرض
obter empréstimo	ḥaṣal ʿala qarḍ	حصل على قرض
dar um empréstimo	edda qarḍ	ادّى قرض
garantia (f)	ḍamān (m)	ضمان

98. Telefone. Conversação telefônica

telefone (m)	telefon (m)	تليفون
celular (m)	mobile (m)	موبايل
secretária (f) eletrônica	gehāz radd ʿalal mokalmāt (m)	جهاز رد على المكالمات
fazer uma chamada	ettaṣal	إتصل
chamada (f)	mokalma telefoniya (f)	مكالمة تليفونية
discar um número	ettaṣal be raqam	إتصل برقم
Alô!	alo!	ألو
perguntar (vt)	saʾal	سأل
responder (vt)	radd	رد
ouvir (vt)	semeʿ	سمع
bem	kewayes	كويس
mal	meʃ kowayīs	مش كويس
ruído (m)	taʃwīʃ (m)	تشويش
fone (m)	sammāʿa (f)	سماعة
pegar o telefone	rafaʿ el sammāʿa	رفع السماعة
desligar (vi)	ʾafal el sammāʿa	قفل السماعة
ocupado (adj)	maʃɣūl	مشغول
tocar (vi)	rann	رن
lista (f) telefônica	dalīl el telefone (m)	دليل التليفون
local (adj)	maḥalliyya	محلية
chamada (f) local	mokalma maḥalliya (f)	مكالمة محلية
de longa distância	biʿīd	بعيد
chamada (f) de longa distância	mokalma biʿīda (f)	مكالمة بعيدة المدى
internacional (adj)	dowly	دولي
chamada (f) internacional	mokalma dowliya (f)	مكالمة دولية

99. Telefone móvel

celular (m)	mobile (m)	موبايل
tela (f)	ʿarḍ (m)	عرض
botão (m)	zerr (m)	زر
cartão SIM (m)	sim kard (m)	سيم كارد
bateria (f)	baṭṭariya (f)	بطارية
descarregar-se (vr)	xelṣet	خلصت
carregador (m)	ʃāḥen (m)	شاحن
menu (m)	qāʾema (f)	قائمة
configurações (f pl)	awḍāʿ (pl)	أوضاع
melodia (f)	naɣama (f)	نغمة
escolher (vt)	extār	إختار
calculadora (f)	ʾāla ḥasba (f)	آلة حاسبة
correio (m) de voz	barīd ṣawty (m)	بريد صوتي

despertador (m)	monabbeh (m)	منبّه
contatos (m pl)	gehāt el etteşāl (pl)	جهات الإتّصال
mensagem (f) de texto	resāla 'aşīra ɛsɛmɛs (f)	sms رسالة قصيرة
assinante (m)	moʃtarek (m)	مشترك

100. Estacionário

caneta (f)	'alam gāf (m)	قلم جاف
caneta (f) tinteiro	'alam rīʃa (m)	قلم ريشة
lápis (m)	'alam roşāş (m)	قلم رصاص
marcador (m) de texto	markar (m)	ماركر
caneta (f) hidrográfica	'alam fulumaster (m)	قلم فلوماستر
bloco (m) de notas	mozakkera (f)	مذكّرة
agenda (f)	gadwal el a'māl (m)	جدول الأعمال
régua (f)	maşţara (f)	مسطرة
calculadora (f)	'āla ḥasba (f)	آلة حاسبة
borracha (f)	astīka (f)	استيكة
alfinete (m)	dabbūs (m)	دبّوس
clipe (m)	dabbūs wara' (m)	دبّوس ورق
cola (f)	şamɣ (m)	صمغ
grampeador (m)	dabbāsa (f)	دبّاسة
furador (m) de papel	χarrāma (m)	خرّامة
apontador (m)	barrāya (f)	برّاية

Emprego. Negócios. Parte 2

101. Media

jornal (m)	garīda (f)	جريدة
revista (f)	magalla (f)	مجلّة
imprensa (f)	ṣaḥāfa (f)	صحافة
rádio (m)	radio (m)	راديو
estação (f) de rádio	maḥaṭṭet radio (f)	محطّة راديو
televisão (f)	televizion (m)	تليفزيون
apresentador (m)	mo'addem (m)	مقدّم
locutor (m)	mozee' (m)	مذيع
comentarista (m)	mo'alleq (m)	معلّق
jornalista (m)	ṣaḥafy (m)	صحفي
correspondente (m)	morāsel (m)	مراسل
repórter (m) fotográfico	moṣawwer ṣaḥafy (m)	مصوّر صحفي
repórter (m)	ṣaḥafy (m)	صحفي
redator (m)	moḥarrer (m)	محرّر
redator-chefe (m)	ra'īs taḥrīr (m)	رئيس تحرير
assinar a ...	eʃtarak	إشترك
assinatura (f)	eʃterāk (m)	إشتراك
assinante (m)	moʃtarek (m)	مشترك
ler (vt)	'ara	قرأ
leitor (m)	qāre' (m)	قارئ
tiragem (f)	tadāwol (m)	تداول
mensal (adj)	ʃahry	شهري
semanal (adj)	osbū'y	أسبوعي
número (jornal, revista)	'adad (m)	عدد
recente, novo (adj)	gedīd	جديد
manchete (f)	'enwān (m)	عنوان
pequeno artigo (m)	maqāla sayīra (f)	مقالة قصيرة
coluna (~ semanal)	'amūd (m)	عمود
artigo (m)	maqāla (f)	مقالة
página (f)	ṣafḥa (f)	صفحة
reportagem (f)	rebortāʒ (m)	ريبورتاج
evento (festa, etc.)	ḥadass (m)	حدث
sensação (f)	ḍagga (f)	ضجّة
escândalo (m)	feḍīḥa (f)	فضيحة
escandaloso (adj)	fāḍeḥ	فاضح
grande (adj)	ʃahīr	شهير
programa (m)	barnāmeg (m)	برنامج
entrevista (f)	leqā' ṣaḥafy (m)	لقاء صحفي

| transmissão (f) ao vivo | ezā'a mobāʃera (f) | إذاعة مباشرة |
| canal (m) | qanah (f) | قناة |

102. Agricultura

agricultura (f)	zerā'a (f)	زراعة
camponês (m)	fallāḥ (m)	فلّاح
camponesa (f)	fallāḥa (f)	فلّاحة
agricultor, fazendeiro (m)	mozāreʿ (m)	مزارع

| trator (m) | garrār (m) | جرّار |
| colheitadeira (f) | ḥaṣṣāda (f) | حصّادة |

arado (m)	meḥrās (m)	محراث
arar (vt)	ḥaras	حرث
campo (m) lavrado	ḥaql maḥrūθ (m)	حقل محروث
sulco (m)	talem (m)	تلم

semear (vt)	bezr	بذر
plantadeira (f)	bazzara (f)	بذّارة
semeadura (f)	zarʿ (m)	زرع

| foice (m) | meḥasʃ (m) | محشّ |
| cortar com foice | ḥasʃ | حشّ |

| pá (f) | karīk (m) | كريك |
| cavar (vt) | ḥaras | حرث |

enxada (f)	magrafa (f)	مجرفة
capinar (vt)	est'ṣal nabatāt	إستأصل نباتات
erva (f) daninha	nabāt ṭafayly (m)	نبات طفيْلي

regador (m)	raʃāʃa (f)	رشّاشة
regar (plantas)	sa'a	سقى
rega (f)	sa'y (m)	سقي

| forquilha (f) | mazrāh (f) | مذراة |
| ancinho (m) | madamma (f) | مدمّة |

fertilizante (m)	semād (m)	سماد
fertilizar (vt)	sammed	سمّد
estrume, esterco (m)	semād (m)	سماد

campo (m)	ḥaql (m)	حقل
prado (m)	marag (m)	مرج
horta (f)	bostān χoḍār (m)	بستان خضار
pomar (m)	bostān (m)	بستان

pastar (vt)	ra'a	رعى
pastor (m)	rāʿy (m)	راعي
pastagem (f)	mar'a (m)	مرعى

| pecuária (f) | tarbeya el mawāʃy (f) | تربية المواشي |
| criação (f) de ovelhas | tarbeya aγnām (f) | تربية أغنام |

plantação (f)	mazra'a (f)	مزرعة
canteiro (m)	hode (m)	حوض
estufa (f)	daff'a (f)	دفيئة

| seca (f) | gafāf (m) | جفاف |
| seco (verão ~) | gāf | جاف |

grão (m)	hobūb (pl)	حبوب
cereais (m pl)	mahasīl el hubūb (pl)	محاصيل الحبوب
colher (vt)	hasad	حصد

moleiro (m)	tahhān (m)	طحّان
moinho (m)	tahūna (f)	طاحونة
moer (vt)	tahn el hobūb	طحن الحبوب
farinha (f)	deῙ (m)	دقيق
palha (f)	'aSʃ (m)	قشّ

103. Construção. Processo de construção

canteiro (m) de obras	ard benā' (f)	أرض بناء
construir (vt)	bana	بنى
construtor (m)	'āmel benā' (m)	عامل بناء

projeto (m)	maʃrū' (m)	مشروع
arquiteto (m)	mohandes me'māry (m)	مهندس معماري
operário (m)	'āmel (m)	عامل

fundação (f)	asās (m)	أساس
telhado (m)	sa'f (m)	سقف
estaca (f)	kawmet el asās (f)	كومة الأساس
parede (f)	heyta (f)	حيطة

| colunas (f pl) de sustentação | hadīd taslīh (m) | حديد تسليح |
| andaime (m) | sa"āla (f) | سقّالة |

concreto (m)	χarasāna (f)	خرسانة
granito (m)	granīt (m)	جرانيت
pedra (f)	hagar (m)	حجر
tijolo (m)	tūb (m)	طوب

areia (f)	raml (m)	رمل
cimento (m)	asmant (m)	إسمنت
emboço, reboco (m)	talā' gaṣṣ (m)	طلاء جصّ
emboçar, rebocar (vt)	tala bel gaṣṣ	طلى بالجصّ
tinta (f)	dehān (m)	دهان
pintar (vt)	dahhen	دهن
barril (m)	barmīl (m)	برميل

grua (f), guindaste (m)	rāfe'a (f)	رافعة
erguer (vt)	rafa'	رفع
baixar (vt)	nazzel	نزّل

| buldózer (m) | bulldozer (m) | بولدوزر |
| escavadora (f) | haffāra (f) | حفّارة |

caçamba (f)	magrafa (f)	مجرفة
escavar (vt)	ḥafar	حفر
capacete (m) de proteção	xawza (f)	خوذة

Profissões e ocupações

104. Procura de emprego. Demissão

trabalho (m)	'amal (m)	عمل
equipe (f)	kawādir (pl)	كوادر
pessoal (m)	ṭāqem el 'āmelīn (m)	طاقم العاملين
carreira (f)	mehna (f)	مهنة
perspectivas (f pl)	'āfāq (pl)	آفاق
habilidades (f pl)	maharāt (pl)	مهارات
seleção (f)	exteyār (m)	إختيار
agência (f) de emprego	wekālet tawẓīf (f)	وكالة توظيف
currículo (m)	sīra zātiya (f)	سيرة ذاتيّة
entrevista (f) de emprego	mo'ablet 'amal (f)	مقابلة عمل
vaga (f)	wazīfa xaleya (f)	وظيفة خالية
salário (m)	morattab (m)	مرتّب
salário (m) fixo	rāteb sābet (m)	راتب ثابت
pagamento (m)	ogra (f)	أجرة
cargo (m)	manṣeb (m)	منصب
dever (do empregado)	wāgeb (m)	واجب
gama (f) de deveres	magmū'a men el wāgebāt (f)	مجموعة من الواجبات
ocupado (adj)	maʃɣūl	مشغول
despedir, demitir (vt)	rafad	رفد
demissão (f)	eqāla (m)	إقالة
desemprego (m)	baṭāla (f)	بطالة
desempregado (m)	'āṭel (m)	عاطل
aposentadoria (f)	ma'āʃ (m)	معاش
aposentar-se (vr)	oḥīl 'ala el ma'āʃ	أحيل على المعاش

105. Gente de negócios

diretor (m)	modīr (m)	مدير
gerente (m)	modīr (m)	مدير
patrão, chefe (m)	ra'īs (m)	رئيس
superior (m)	motafawweq (m)	متفوّق
superiores (m pl)	ro'asā' (pl)	رؤساء
presidente (m)	ra'īs (m)	رئيس
chairman (m)	ra'īs (m)	رئيس
substituto (m)	nā'eb (m)	نائب
assistente (m)	mosā'ed (m)	مساعد

| secretário (m) | sekerteyr (m) | سكرتير |
| secretário (m) pessoal | sekerteyr χāṣ (m) | سكرتير خاص |

homem (m) de negócios	ragol aʿmāl (m)	رجل أعمال
empreendedor (m)	rāʾed aʿmāl (m)	رائد أعمال
fundador (m)	moʾasses (m)	مؤسس
fundar (vt)	asses	أسس

principiador (m)	moʾasses (m)	مؤسس
parceiro, sócio (m)	ʃerīk (m)	شريك
acionista (m)	mālek el as-hom (m)	مالك الأسهم

milionário (m)	millyonīr (m)	مليونير
bilionário (m)	milliardīr (m)	ملياردير
proprietário (m)	ṣāḥeb (m)	صاحب
proprietário (m) de terras	ṣāḥeb el arḍ (m)	صاحب الأرض

cliente (m)	ʿamīl (m)	عميل
cliente (m) habitual	ʿamīl dāʾem (m)	عميل دائم
comprador (m)	moʃtary (m)	مشتري
visitante (m)	zāʾer (m)	زائر

profissional (m)	mohtaref (m)	محترف
perito (m)	χabīr (m)	خبير
especialista (m)	motaχaṣṣeṣ (m)	متخصص

| banqueiro (m) | ṣāḥeb maṣraf (m) | صاحب مصرف |
| corretor (m) | semsār (m) | سمسار |

caixa (m, f)	ʿāmel kaʃier (m)	عامل كاشيير
contador (m)	muḥāseb (m)	محاسب
guarda (m)	ḥāres amn (m)	حارس أمن

investidor (m)	mostasmer (m)	مستثمر
devedor (m)	modīn (m)	مدين
credor (m)	dāʾen (m)	دائن
mutuário (m)	moqtareḍ (m)	مقترض

| importador (m) | mostawred (m) | مستورد |
| exportador (m) | moṣadder (m) | مصدر |

produtor (m)	el ʃerka el moṣanneʿa (f)	الشركة المصنعة
distribuidor (m)	mowazzeʿ (m)	موزع
intermediário (m)	wasīṭ (m)	وسيط

consultor (m)	mostaʃār (m)	مستشار
representante comercial	mandūb mabiʿāt (m)	مندوب مبيعات
agente (m)	wakīl (m)	وكيل
agente (m) de seguros	wakīl el taʾmīn (m)	وكيل التأمين

106. Profissões de serviços

| cozinheiro (m) | ṭabbāχ (m) | طباخ |
| chefe (m) de cozinha | el ʃeyf (m) | الشيف |

padeiro (m)	χabbāz (m)	خبّاز
barman (m)	bārman (m)	بارمان
garçom (m)	garsone (m)	جرسون
garçonete (f)	garsona (f)	جرسونة

advogado (m)	muḥāmy (m)	محامي
jurista (m)	muḥāmy χabīr qanūny (m)	محامي خبير قانوني
notário (m)	mowassaq (m)	موثّق

eletricista (m)	kahrabā'y (m)	كهربائي
encanador (m)	samkary (m)	سمكري
carpinteiro (m)	naggār (m)	نجّار

massagista (m)	modallek (m)	مدلّك
massagista (f)	modalleka (f)	مدلّكة
médico (m)	doktore (m)	دكتور

taxista (m)	sawwā' taksi (m)	سوّاق تاكسي
condutor (automobilista)	sawwā' (m)	سوّاق
entregador (m)	rāgel el delivery (m)	راجل الديلفري

camareira (f)	'āmela tandīf γoraf (f)	عاملة تنظيف غرف
guarda (m)	ḥāres amn (m)	حارس أمن
aeromoça (f)	moḍīfet ṭayarān (f)	مضيفة طيران

professor (m)	modarres madrasa (m)	مدرّس مدرسة
bibliotecário (m)	amīn maktaba (m)	أمين مكتبة
tradutor (m)	motargem (m)	مترجم
intérprete (m)	motargem fawwry (m)	مترجم فوّري
guia (m)	morʃed (m)	مرشد

cabeleireiro (m)	ḥallā' (m)	حلّاق
carteiro (m)	sā'y el barīd (m)	ساعي البريد
vendedor (m)	bayā' (m)	بيّاع

jardineiro (m)	bostāny (m)	بستاني
criado (m)	χādema (m)	خادمة
criada (f)	χadema (f)	خادمة
empregada (f) de limpeza	'āmela tandīf (f)	عاملة تنظيف

107. Profissões militares e postos

soldado (m) raso	gondy (m)	جندي
sargento (m)	raqīb tāny (m)	رقيب ثاني
tenente (m)	molāzem tāny (m)	ملازم ثاني
capitão (m)	naqīb (m)	نقيب

major (m)	rā'ed (m)	رائد
coronel (m)	'aqīd (m)	عقيد
general (m)	ʒenerāl (m)	جنرال
marechal (m)	marʃāl (m)	مارشال
almirante (m)	amerāl (m)	أميرال
militar (m)	'askary (m)	عسكري
soldado (m)	gondy (m)	جندي

| oficial (m) | ḍābeṭ (m) | ضابط |
| comandante (m) | qā'ed (m) | قائد |

guarda (m) de fronteira	ḥaras ḥodūd (m)	حرس حدود
operador (m) de rádio	'āmel lāselky (m)	عامل لاسلكي
explorador (m)	rā'ed mostakʃef (m)	رائد مستكشف
sapador-mineiro (m)	mohandes 'askary (m)	مهندس عسكري
atirador (m)	rāmy (m)	رامي
navegador (m)	mallāḥ (m)	ملّاح

108. Oficiais. Padres

| rei (m) | malek (m) | ملك |
| rainha (f) | maleka (f) | ملكة |

| príncipe (m) | amīr (m) | أمير |
| princesa (f) | amīra (f) | أميرة |

| czar (m) | qayṣar (m) | قيصر |
| czarina (f) | qayṣara (f) | قيصرة |

presidente (m)	raʔīs (m)	رئيس
ministro (m)	wazīr (m)	وزير
primeiro-ministro (m)	raʔīs wozarā' (m)	رئيس وزراء
senador (m)	'oḍw magles el ʃoyūχ (m)	عضو مجلس الشيوخ

diplomata (m)	deblomāsy (m)	دبلوماسي
cônsul (m)	qonṣol (m)	قنصل
embaixador (m)	safīr (m)	سفير
conselheiro (m)	mostaʃār (m)	مستشار

funcionário (m)	mowazzaf (m)	موظف
prefeito (m)	raʔīs edāret el ḥayī (m)	رئيس إدارة الحي
Presidente (m) da Câmara	raʔīs el baladiya (m)	رئيس البلدية

| juiz (m) | qāḍy (m) | قاضي |
| procurador (m) | el na'eb el 'ām (m) | النائب العام |

missionário (m)	mobasʃer (m)	مبشّر
monge (m)	rāheb (m)	راهب
abade (m)	raʔīs el deyr (m)	رئيس الدير
rabino (m)	ḥaχām (m)	حاخام

vizir (m)	wazīr (m)	وزير
xá (m)	ʃāh (m)	شاه
xeique (m)	ʃɛyχ (m)	شيخ

109. Profissões agrícolas

abelheiro (m)	naḥḥāl (m)	نحّال
pastor (m)	rā'y (m)	راعي
agrônomo (m)	mohandes zerā'y (m)	مهندس زراعي

| criador (m) de gado | morabby el mawāʃy (m) | مربّي المواشي |
| veterinário (m) | doktore beṭary (m) | دكتور بيطري |

agricultor, fazendeiro (m)	mozāreʿ (m)	مزارع
vinicultor (m)	ṣāneʿ el xamr (m)	صانع الخمر
zoólogo (m)	xabīr fe ʿelm el ḥayawān (m)	خبير في علم الحيوان
vaqueiro (m)	rāʿy el baʿar (m)	راعي البقر

110. Profissões artísticas

| ator (m) | momassel (m) | ممثّل |
| atriz (f) | momassela (f) | ممثّلة |

| cantor (m) | moṭreb (m) | مطرب |
| cantora (f) | moṭreba (f) | مطربة |

| bailarino (m) | rāqeṣ (m) | راقص |
| bailarina (f) | raʾāṣa (f) | راقصة |

| artista (m) | fannān (m) | فنّان |
| artista (f) | fannāna (f) | فنّانة |

músico (m)	ʿāzef (m)	عازف
pianista (m)	ʿāzef biano (m)	عازف بيانو
guitarrista (m)	ʿāzef guitar (m)	عازف جيتار

maestro (m)	qāʾed orkestra (m)	قائد أوركسترا
compositor (m)	molaḥḥen (m)	ملحّن
empresário (m)	modīr ferʾa (m)	مدير فرقة

diretor (m) de cinema	moxreg aflām (m)	مخرج أفلام
produtor (m)	monteg (m)	منتج
roteirista (m)	kāteb senario (m)	كاتب سيناريو
crítico (m)	nāqed (m)	ناقد

escritor (m)	kāteb (m)	كاتب
poeta (m)	ʃāʿer (m)	شاعر
escultor (m)	naḥḥāt (m)	نحّات
pintor (m)	rassām (m)	رسّام

malabarista (m)	bahlawān (m)	بهلوان
palhaço (m)	aragoze (m)	أراجوز
acrobata (m)	bahlawān (m)	بهلوان
ilusionista (m)	sāḥer (m)	ساحر

111. Várias profissões

médico (m)	doktore (m)	دكتور
enfermeira (f)	momarreḍa (f)	ممرّضة
psiquiatra (m)	doktore nafsāny (m)	دكتور نفساني
dentista (m)	doktore asnān (m)	دكتور أسنان
cirurgião (m)	garrāḥ (m)	جرّاح

astronauta (m)	rā'ed faḍā' (m)	رائد فضاء
astrônomo (m)	'ālem falak (m)	عالم فلك
piloto (m)	ṭayār (m)	طيّار
motorista (m)	sawwā' (m)	سوّاق
maquinista (m)	sawwā' (m)	سوّاق
mecânico (m)	mikanīky (m)	ميكانيكي
mineiro (m)	'āmel mangam (m)	عامل منجم
operário (m)	'āmel (m)	عامل
serralheiro (m)	'affāl (m)	قفّال
marceneiro (m)	naggār (m)	نجّار
torneiro (m)	xarrāṭ (m)	خرّاط
construtor (m)	'āmel benā' (m)	عامل بناء
soldador (m)	laḥḥām (m)	لحّام
professor (m)	brofessor (m)	بروفيسور
arquiteto (m)	mohandes me'māry (m)	مهندس معماري
historiador (m)	mo'arrex (m)	مؤرّخ
cientista (m)	'ālem (m)	عالم
físico (m)	fizyā'y (m)	فيزيائي
químico (m)	kemyā'y (m)	كيميائي
arqueólogo (m)	'ālem 'āsār (m)	عالم آثار
geólogo (m)	ʒeoloʒy (m)	جيولوجي
pesquisador (cientista)	bāḥes (m)	باحث
babysitter, babá (f)	dāda (f)	دادة
professor (m)	mo'allem (m)	معلّم
redator (m)	moḥarrer (m)	محرّر
redator-chefe (m)	ra'īs taḥrīr (m)	رئيس تحرير
correspondente (m)	morāsel (m)	مراسل
datilógrafa (f)	kāteba 'ala el 'āla el kāteba (f)	كاتبة على الآلة الكاتبة
designer (m)	moṣammem (m)	مصمّم
especialista (m) em informática	motaxaṣṣeṣ bel kombuter (m)	متخصّص بالكمبيوتر
programador (m)	mobarmeg (m)	مبرمج
engenheiro (m)	mohandes (m)	مهندس
marujo (m)	baḥḥār (m)	بحّار
marinheiro (m)	baḥḥār (m)	بحّار
socorrista (m)	monqez (m)	منقذ
bombeiro (m)	rāgel el maṭāfy (m)	راجل المطافئ
polícia (m)	ʃorṭy (m)	شرطي
guarda-noturno (m)	ḥāres (m)	حارس
detetive (m)	moḥaqqeq (m)	محقّق
funcionário (m) da alfândega	mowazzaf el gamārek (m)	موظّف الجمارك
guarda-costas (m)	ḥāres ʃaxṣy (m)	حارس شخصي
guarda (m) prisional	ḥāres segn (m)	حارس سجن
inspetor (m)	mofatteʃ (m)	مفتّش
esportista (m)	reyāḍy (m)	رياضي
treinador (m)	modarreb (m)	مدرّب

açougueiro (m)	gazzār (m)	جزّار
sapateiro (m)	eskāfy (m)	إسكافي
comerciante (m)	tāger (m)	تاجر
carregador (m)	ʃayāl (m)	شيّال
estilista (m)	moşammem azyā' (m)	مصمّم أزياء
modelo (f)	modeyl (f)	موديل

112. Ocupações. Estatuto social

estudante (~ de escola)	talmīz (m)	تلميذ
estudante (~ universitária)	tāleb (m)	طالب
filósofo (m)	faylasūf (m)	فيلسوف
economista (m)	eqtişādy (m)	إقتصادي
inventor (m)	moxtare' (m)	مخترع
desempregado (m)	'ātel (m)	عاطل
aposentado (m)	motaqā'ed (m)	متقاعد
espião (m)	gasūs (m)	جاسوس
preso, prisioneiro (m)	sagīn (m)	سجين
grevista (m)	modrab (m)	مضرب
burocrata (m)	buroqrāty (m)	بيوروقراطي
viajante (m)	rahhāla (m)	رحّالة
homossexual (m)	ʃāz (m)	شاذ
hacker (m)	haker (m)	هاكر
hippie (m, f)	hippi (m)	هيبي
bandido (m)	qāte' tarī' (m)	قاطع طريق
assassino (m)	qātel ma'gūr (m)	قاتل مأجور
drogado (m)	modmen moxaddarāt (m)	مدمن مخدّرات
traficante (m)	tāger moxaddarāt (m)	تاجر مخدّرات
prostituta (f)	mommos (f)	مومس
cafetão (m)	qawwād (m)	قوّاد
bruxo (m)	sāher (m)	ساحر
bruxa (f)	sāhera (f)	ساحرة
pirata (m)	'orşān (m)	قرصان
escravo (m)	'abd (m)	عبد
samurai (m)	samuray (m)	ساموراي
selvagem (m)	motawahheʃ (m)	متوحّش

Desportos

113. Tipos de desportos. Desportistas

esportista (m)	reyāḍy (m)	رياضي
tipo (m) de esporte	nū' men el reyāḍa (m)	نوع من الرياضة
basquete (m)	koret el salla (f)	كرة السلّة
jogador (m) de basquete	lā'eb korat el salla (m)	لاعب كرة السلّة
beisebol (m)	baseball (m)	بيسبول
jogador (m) de beisebol	lā'eb basebāl (m)	لاعب بيسبول
futebol (m)	koret el qadam (f)	كرة القدم
jogador (m) de futebol	lā'eb korat qadam (m)	لاعب كرة القدم
goleiro (m)	ḥāres el marma (m)	حارس المرمى
hóquei (m)	hoky (m)	هوكي
jogador (m) de hóquei	lā'eb hoky (m)	لاعب هوكي
vôlei (m)	voliball (m)	فولي بول
jogador (m) de vôlei	lā'eb volly bal (m)	لاعب فولي بول
boxe (m)	molakma (f)	ملاكمة
boxeador (m)	molākem (m)	ملاكم
luta (f)	moṣar'a (f)	مصارعة
lutador (m)	moṣāre' (m)	مصارع
caratê (m)	karate (m)	كاراتيه
carateca (m)	lā'eb karateyh (m)	لاعب كاراتيه
judô (m)	ʒudo (m)	جودو
judoca (m)	lā'eb ʒudo (m)	لاعب جودو
tênis (m)	tennis (m)	تنسَّ
tenista (m)	lā'eb tennis (m)	لاعب تنس
natação (f)	sebāḥa (f)	سباحة
nadador (m)	sabbāḥ (m)	سبّاح
esgrima (f)	mobarza (f)	مبارزة
esgrimista (m)	mobārez (m)	مبارز
xadrez (m)	ʃaṭarang (m)	شطرنج
jogador (m) de xadrez	lā'eb ʃaṭarang (m)	لاعب شطرنج
alpinismo (m)	tasalloq el gebāl (m)	تسلّق الجبال
alpinista (m)	motasalleq el gebāl (m)	متسلّق الجبال
corrida (f)	garyī (m)	جريّ

corredor (m)	'addā' (m)	عدّاء
atletismo (m)	al'āb el qowa (pl)	ألعاب القوى
atleta (m)	lā'eb reyāḍy (m)	لاعب رياضي
hipismo (m)	reyāḍa el forūsiya (f)	رياضة الفروسيّة
cavaleiro (m)	fāres (m)	فارس
patinação (f) artística	tazallog fanny 'alal galīd (m)	تزلج فنّي على الجليد
patinador (m)	motazalleg rāqeṣ (m)	متزلّج رأقص
patinadora (f)	motazallega rāqeṣa (f)	متزلّجة راقصة
halterofilismo (m)	raf' el asqāl (m)	رفع الأثقال
halterofilista (m)	rāfe' el asqāl (m)	رافع الأثقال
corrida (f) de carros	sebā' el sayarāt (m)	سباق السيارات
piloto (m)	sawwā' sebā' (m)	سائق سباق
ciclismo (m)	rokūb el darragāt (m)	ركوب الدرّاجات
ciclista (m)	lā'eb el darrāga (m)	لاعب الدرّاجة
salto (m) em distância	el qafz el 'āly (m)	القفز العالي
salto (m) com vara	el qafz bel 'aṣa (m)	القفز بالعصا
atleta (m) de saltos	qāfez (m)	قافز

114. Tipos de desportos. Diversos

futebol (m) americano	koret el qadam (f)	كرة القدم
badminton (m)	el rīʃa (m)	الريشة
biatlo (m)	el biatlon (m)	البياتلون
bilhar (m)	bilyardo (m)	بلياردو
bobsled (m)	zalāga gama'iya (f)	زلاجة جماعية
musculação (f)	body building (m)	بادي بيلدنج
polo (m) aquático	koret el maya (f)	كرة الميّة
handebol (m)	koret el yad (f)	كرة اليد
golfe (m)	golf (m)	جولف
remo (m)	tagdīf (m)	تجديف
mergulho (m)	ɣoṣe (m)	غوص
corrida (f) de esqui	reyāḍa el ski (f)	رياضة الإسكي
tênis (m) de mesa	koret el ṭawla (f)	كرة الطاولة
vela (f)	reyāḍa ebḥar el marākeb (f)	رياضة إبحارالمراكب
rali (m)	sebā' el sayarāt (m)	سباق السيارات
rúgbi (m)	rugby (m)	رجبي
snowboard (m)	el tazallog 'lal galīd (m)	التزلّج على الجليد
arco-e-flecha (m)	remāya (f)	رماية

115. Ginásio

barra (f)	bār ḥadīd (m)	بار حديد
halteres (m pl)	dumbbells (m)	دمبلز

aparelho (m) de musculação	gehãz tadrĩb (m)	جهاز تدريب
bicicleta (f) ergométrica	'agalet tadrĩb (f)	عجلة تدريب
esteira (f) de corrida	trĩdmil (f)	تريد ميل
barra (f) fixa	'o'la (f)	عقلة
barras (f pl) paralelas	el motawaziyĩn (pl)	المتوازيين
cavalo (m)	manaṣṣet el qafz (f)	منصّة القفز
tapete (m) de ginástica	ḥaṣĩra (f)	حصيرة
corda (f) de saltar	ḥabl el naṭṭ (m)	حبل النطّ
aeróbica (f)	aerobiks (m)	ايروبيكس
ioga, yoga (f)	yoga (f)	يوجا

116. Desportos. Diversos

Jogos (m pl) Olímpicos	al'āb olombiya (pl)	ألعاب أولمبيّة
vencedor (m)	fã'ez (m)	فائز
vencer (vi)	fāz	فاز
vencer (vi, vt)	fāz	فاز
líder (m)	za'ĩm (m)	زعيم
liderar (vt)	ta'addam	تقدّم
primeiro lugar (m)	el martaba el ũla (f)	المرتبة الأولى
segundo lugar (m)	el martaba el tanya (f)	المرتبة الثانية
terceiro lugar (m)	el martaba el talta (f)	المرتبة الثالثة
medalha (f)	medalya (f)	ميدالية
troféu (m)	ka's (f)	كأس
taça (f)	ka's (f)	كأس
prêmio (m)	gayza (f)	جائزة
prêmio (m) principal	akbar gayza (f)	أكبر جائزة
recorde (m)	raqam qeyãsy (m)	رقم قياسي
estabelecer um recorde	fāz be raqam qeyãsy	فاز برقم قياسي
final (m)	mobarãh neha'iya (f)	مباراة نهائيّة
final (adj)	nehã'y	نهائي
campeão (m)	baṭal (m)	بطل
campeonato (m)	boṭũla (f)	بطولة
estádio (m)	mal'ab (m)	ملعب
arquibancadas (f pl)	modarrag (m)	مدرّج
fã, torcedor (m)	moʃagge' (m)	مشجّع
adversário (m)	'adeww (m)	عدق
partida (f)	χaṭṭ el bedãya (m)	خطّ البداية
linha (f) de chegada	χaṭṭ el nehãya (m)	خطّ النهاية
derrota (f)	hazĩma (f)	هزيمة
perder (vt)	χeser	خسر
árbitro, juiz (m)	ḥakam (m)	حكم
júri (m)	hay'et el ḥokm (f)	هيئة الحكم

resultado (m)	natīga (f)	نتيجة
empate (m)	ta'ādol (m)	تعادل
empatar (vi)	ta'ādal	تعادل
ponto (m)	no'ṭa (f)	نقطة
resultado (m) final	natīga neha'iya (f)	نتيجة نهائية

tempo (m)	ʃoṭe (m)	شوط
intervalo (m)	beyn el ʃoṭeyn	بين الشوطين
doping (m)	monasʃeṭāt (pl)	منشّطات
penalizar (vt)	'āqab	عاقب
desqualificar (vt)	ḥaram	حرم

aparelho, aparato (m)	adah (f)	أداة
dardo (m)	remḥ (m)	رمح
peso (m)	kora ma'daniya (f)	كرة معدنية
bola (f)	kora (f)	كرة

alvo, objetivo (m)	hadaf (m)	هدف
alvo (~ de papel)	hadaf (m)	هدف
disparar, atirar (vi)	ḍarab bel nār	ضرب بالنار
preciso (tiro ~)	maḍbūṭ	مضبوط

treinador (m)	modarreb (m)	مدرّب
treinar (vt)	darrab	درّب
treinar-se (vr)	etdarrab	إتدرّب
treino (m)	tadrīb (m)	تدريب

academia (f) de ginástica	gīm (m)	جيم
exercício (m)	tamrīn (m)	تمرين
aquecimento (m)	tasχīn (m)	تسخين

Educação

117. Escola

escola (f)	madrasa (f)	مدرسة
diretor (m) de escola	modīr el madrasa (m)	مدير المدرسة
aluno (m)	talmīz (m)	تلميذ
aluna (f)	telmīza (f)	تلميذة
estudante (m)	talmīz (m)	تلميذ
estudante (f)	telmīza (f)	تلميذة
ensinar (vt)	ʿallem	علّم
aprender (vt)	taʿallam	تعلّم
decorar (vt)	ḥafaẓ	حفظ
estudar (vi)	taʿallam	تعلّم
estar na escola	daras	درس
ir à escola	rāḥ el madrasa	راح المدرسة
alfabeto (m)	abgadiya (f)	أبجدية
disciplina (f)	madda (f)	مادّة
sala (f) de aula	faṣl (m)	فصل
lição, aula (f)	dars (m)	درس
recreio (m)	estrāḥa (f)	إستراحة
toque (m)	garas el madrasa (m)	جرس المدرسة
classe (f)	disk el madrasa (m)	ديسك المدرسة
quadro (m) negro	sabbūra (f)	سبّورة
nota (f)	daraga (f)	درجة
boa nota (f)	daraga kewayesa (f)	درجة كويسة
nota (f) baixa	daraga meʃ kewayesa (f)	درجة مش كويسة
dar uma nota	edda daraga	إدّى درجة
erro (m)	χaṭaʾ (m)	خطأ
errar (vi)	aχṭaʾ	أخطأ
corrigir (~ um erro)	ṣaḥḥaḥ	صحّح
cola (f)	berʃām (m)	برشام
dever (m) de casa	wāgeb (m)	واجب
exercício (m)	tamrīn (m)	تمرين
estar presente	ḥaḍar	حضر
estar ausente	ɣāb	غاب
faltar às aulas	taɣeyyab ʿan el madrasa	تغيّب عن المدرسة
punir (vt)	ʿāqab	عاقب
punição (f)	ʿeqāb (m)	عقاب
comportamento (m)	solūk (m)	سلوك

boletim (m) escolar	el taqrīr el madrasy (m)	التقرير المدرسي
lápis (m)	'alam roṣāṣ (m)	قلم رصاص
borracha (f)	astīka (f)	استيكة
giz (m)	ṭabaʃīr (m)	طباشير
porta-lápis (m)	ma'lama (f)	مقلمة
mala, pasta, mochila (f)	ʃanṭet el madrasa (f)	شنطة المدرسة
caneta (f)	'alam (m)	قلم
caderno (m)	daftar (m)	دفتر
livro (m) didático	ketāb ta'līm (m)	كتاب تعليم
compasso (m)	bargal (m)	برجل
traçar (vt)	rasam rasm teqany	رسم رسم تقني
desenho (m) técnico	rasm teqany (m)	رسم تقني
poesia (f)	'aṣīda (f)	قصيدة
de cor	'an ẓahr qalb	عن ظهر قلب
decorar (vt)	ḥafaẓ	حفظ
férias (f pl)	agāza (f)	أجازة
estar de férias	'ando agāza	عنده أجازة
passar as férias	'aḍa el agāza	قضى الأجازة
teste (m), prova (f)	emteḥān (m)	إمتحان
redação (f)	enʃā' (m)	إنشاء
ditado (m)	emlā' (m)	إملاء
exame (m), prova (f)	emteḥān (m)	إمتحان
fazer prova	'amal emteḥān	عمل إمتحان
experiência (~ química)	tagreba (f)	تجربة

118. Colégio. Universidade

academia (f)	akademiya (f)	أكاديميّة
universidade (f)	gam'a (f)	جامعة
faculdade (f)	kolliya (f)	كلّيّة
estudante (m)	ṭāleb (m)	طالب
estudante (f)	ṭāleba (f)	طالبة
professor (m)	muḥāḍer (m)	محاضر
auditório (m)	modarrag (m)	مدرّج
graduado (m)	motaxarreg (m)	متخرّج
diploma (m)	dibloma (f)	دبلومة
tese (f)	resāla 'elmiya (f)	رسالة علميّة
estudo (obra)	derāsa (f)	دراسة
laboratório (m)	moxtabar (m)	مختبر
palestra (f)	moḥaḍra (f)	محاضرة
colega (m) de curso	zamīl fel ṣaff (m)	زميل في الصفّ
bolsa (f) de estudos	menḥa derāsiya (f)	منحة دراسيّة
grau (m) acadêmico	daraga 'elmiya (f)	درجة علميّة

119. Ciências. Disciplinas

matemática (f)	reyāḓīāt (pl)	رياضيّات
álgebra (f)	el gabr (m)	الجبر
geometria (f)	handasa (f)	هندسة
astronomia (f)	'elm el falak (m)	علم الفلك
biologia (f)	al aḥya' (m)	الأحياء
geografia (f)	goɣrafia (f)	جغرافيا
geologia (f)	ʒeoloʒia (f)	جيولوجيا
história (f)	tarīχ (m)	تاريخ
medicina (f)	ṭebb (m)	طبّ
pedagogia (f)	tarbeya (f)	تربية
direito (m)	qanūn (m)	قانون
física (f)	fezya' (f)	فيزياء
química (f)	kemya' (f)	كيمياء
filosofia (f)	falsafa (f)	فلسفة
psicologia (f)	'elm el nafs (m)	علم النفس

120. Sistema de escrita. Ortografia

gramática (f)	el naḥw wel ṣarf (m)	النحو والصرف
vocabulário (m)	mofradāt el loɣa (pl)	مفردات اللغة
fonética (f)	ṣawtīāt (pl)	صوتيات
substantivo (m)	esm (m)	اسم
adjetivo (m)	ṣefa (f)	صفة
verbo (m)	fe'l (m)	فعل
advérbio (m)	ẓarf (m)	ظرف
pronome (m)	ḍamīr (m)	ضمير
interjeição (f)	oslūb el ta'aggob (m)	أسلوب التعجّب
preposição (f)	ḥarf el garr (m)	حرف الجرّ
raiz (f)	gezr el kelma (m)	جذر الكلمة
terminação (f)	nehāya (f)	نهاية
prefixo (m)	sabaeqa (f)	سابقة
sílaba (f)	maqṭa' lafzy (m)	مقطع لفظي
sufixo (m)	lāḥeqa (f)	لاحقة
acento (m)	nabra (f)	نبرة
apóstrofo (f)	'alāmet ḥazf (f)	علامة حذف
ponto (m)	no'ṭa (f)	نقطة
vírgula (f)	faṣla (f)	فاصلة
ponto e vírgula (m)	no'ṭa w faṣla (f)	نقطة وفاصلة
dois pontos (m pl)	no'ṭeteyn (pl)	نقطتين
reticências (f pl)	talat no'aṭ (pl)	ثلاث نقط
ponto (m) de interrogação	'alāmet estefhām (f)	علامة إستفهام
ponto (m) de exclamação	'alāmet ta'aggob (f)	علامة تعجّب

aspas (f pl)	'alamāt el eqtebās (pl)	علامات الإقتباس
entre aspas	beyn 'alamaty el eqtebās	بين علامتي الاقتباس
parênteses (m pl)	qoseyn (du)	قوسين
entre parênteses	beyn el qoseyn	بين القوسين
hífen (m)	'alāmet waṣl (f)	علامة وصل
travessão (m)	ʃorṭa (f)	شرطة
espaço (m)	farāɣ (m)	فراغ
letra (f)	ḥarf (m)	حرف
letra (f) maiúscula	ḥarf kebīr (m)	حرف كبير
vogal (f)	ḥarf ṣauty (m)	حرف صوتي
consoante (f)	ḥarf sāken (m)	حرف ساكن
frase (f)	gomla (f)	جملة
sujeito (m)	fā'el (m)	فاعل
predicado (m)	mosnad (m)	مسند
linha (f)	saṭr (m)	سطر
em uma nova linha	men bedāyet el saṭr	من بداية السطر
parágrafo (m)	faqra (f)	فقرة
palavra (f)	kelma (f)	كلمة
grupo (m) de palavras	magmū'a men el kelamāt (pl)	مجموعة من الكلمات
expressão (f)	moṣṭalaḥ (m)	مصطلح
sinônimo (m)	morādef (m)	مرادف
antônimo (m)	motaḍād loɣawy (m)	متضاد لغوي
regra (f)	qa'eda (f)	قاعدة
exceção (f)	estesnā' (m)	إستثناء
correto (adj)	ṣaḥīḥ	صحيح
conjugação (f)	ṣarf (m)	صرف
declinação (f)	taṣrīf el asmā' (m)	تصريف الأسماء
caso (m)	ḥāla esmiya (f)	حالة أسمية
pergunta (f)	so'āl (m)	سؤال
sublinhar (vt)	ḥaṭṭ χaṭṭ taḥt	حطّ خطّ تحت
linha (f) pontilhada	χaṭṭ mena''aṭ (m)	خطّ منقّط

121. Línguas estrangeiras

língua (f)	loɣa (f)	لغة
estrangeiro (adj)	agnaby	أجنبيّ
língua (f) estrangeira	loɣa agnabiya (f)	لغة أجنبية
estudar (vt)	daras	درس
aprender (vt)	ta'allam	تعلّم
ler (vt)	'ara	قرأ
falar (vi)	kallem	كلّم
entender (vt)	fehem	فهم
escrever (vt)	katab	كتب
rapidamente	bosor'a	بسرعة
devagar, lentamente	bo boṭ'	ببطء

fluentemente	beṭalāqa	بطلاقة
regras (f pl)	qawā'ed (pl)	قواعد
gramática (f)	el naḥw wel ṣarf (m)	النحو والصرف
vocabulário (m)	mofradāt el loɣa (pl)	مفردات اللغة
fonética (f)	ṣawtīāt (pl)	صوتيات

livro (m) didático	ketāb ta'līm (m)	كتاب تعليم
dicionário (m)	qamūs (m)	قاموس
manual (m) autodidático	ketāb ta'līm zāty (m)	كتاب تعليم ذاتي
guia (m) de conversação	ketāb lel 'ebarāt el ʃā'e'a (m)	كتاب للعبارت الشائعة

fita (f) cassete	kasett (m)	كاسيت
videoteipe (m)	ʃerī't video (m)	شريط فيديو
CD (m)	sidī (m)	سي دي
DVD (m)	dividī (m)	دي في دي

alfabeto (m)	abgadiya (f)	أبجدية
soletrar (vt)	tahagga	تهجِى
pronúncia (f)	noṭ' (m)	نطق

sotaque (m)	lahga (f)	لهجة
com sotaque	be lahga	بـ لهجة
sem sotaque	men ɣeyr lahga	من غير لهجة

| palavra (f) | kelma (f) | كلمة |
| sentido (m) | ma'na (m) | معنى |

curso (m)	dawra (f)	دورة
inscrever-se (vr)	saggel esmo	سجِّل إسمه
professor (m)	modarres (m)	مدرّس

tradução (processo)	targama (f)	ترجمة
tradução (texto)	targama (f)	ترجمة
tradutor (m)	motargem (m)	مترجم
intérprete (m)	motargem fawwry (m)	مترجم فَوْري

| poliglota (m) | 'alīm be'eddet loɣāt (m) | عليم بعدَة لغات |
| memória (f) | zākera (f) | ذاكرة |

122. Personagens de contos de fadas

Papai Noel (m)	baba neweyl (m)	بابا نويل
Cinderela (f)	sindrīla	سيندريلا
sereia (f)	'arūset el baḥr (f)	عروسة البحر
Netuno (m)	nibtūn (m)	نبتون

bruxo, feiticeiro (m)	sāḥer (m)	ساحر
fada (f)	genniya (f)	جنِّيَة
mágico (adj)	seḥry	سحري
varinha (f) mágica	el 'aṣāya el seḥriya (f)	العصاية السحرية

conto (m) de fadas	ḥekāya xayaliya (f)	حكاية خيالية
milagre (m)	mo'geza (f)	معجزة
anão (m)	qazam (m)	قزم

transformar-se em ...	tahawwal ela ...	...تحوّل إلى
fantasma (m)	ʃabaḥ (m)	شبح
fantasma (m)	ʃabaḥ (m)	شبح
monstro (m)	waḥʃ (m)	وحش
dragão (m)	tennīn (m)	تنّين
gigante (m)	ʿemlāq (m)	عملاق

123. Signos do Zodíaco

Áries (f)	borg el ḥaml (m)	برج الحمل
Touro (m)	borg el sore (m)	برج الثور
Gêmeos (m pl)	borg el gawzā' (m)	برج الجوزاء
Câncer (m)	borg el saraṭān (m)	برج السرطان
Leão (m)	borg el asad (m)	برج الأسد
Virgem (f)	borg el ʿazrā' (m)	برج العذراء

Libra (f)	borg el mezān (m)	برج الميزان
Escorpião (m)	borg el ʿa'rab (m)	برج العقرب
Sagitário (m)	borg el qose (m)	برج القوس
Capricórnio (m)	borg el gady (m)	برج الجدي
Aquário (m)	borg el dalw (m)	برج الدلو
Peixes (pl)	borg el ḥūt (m)	برج الحوت

caráter (m)	ʃaxṣiya (f)	شخصية
traços (m pl) do caráter	el ṣefāt el ʃaxṣiya (pl)	الصفات الشخصية
comportamento (m)	solūk (m)	سلوك
prever a sorte	'ara el ṭāleʿ	قرأ الطالع
adivinha (f)	ʿarrāfa (f)	عرّافة
horóscopo (m)	tawaqqoʿāt el abrāg (pl)	توقّعات الأبراج

Artes

124. Teatro

teatro (m)	masraḥ (m)	مسرح
ópera (f)	obra (f)	أوبرا
opereta (f)	obrette (f)	أوبريت
balé (m)	baleyh (m)	باليه
cartaz (m)	molṣaq (m)	ملصق
companhia (f) de teatro	fer'a (f)	فرقة
turnê (f)	gawlet fananīn (f)	جولة فنّانين
estar em turnê	tagawwal	تجوّل
ensaiar (vt)	'amal brova	عمل بروفة
ensaio (m)	brova (f)	بروفة
repertório (m)	barnāmeg el masraḥ (m)	برنامج المسرح
apresentação (f)	adā' (m)	أداء
espetáculo (m)	'arḍ masraḥy (m)	عرض مسرحي
peça (f)	masraḥiya (f)	مسرحيّة
entrada (m)	tazkara (f)	تذكرة
bilheteira (f)	ʃebbāk el tazāker (m)	شبّاك التذاكر
hall (m)	ṣāla (f)	صالة
vestiário (m)	ɣorfet īdā' el ma'āṭef (f)	غرفة إيداع المعاطف
senha (f) numerada	beṭā'et edā' el ma'āṭef (f)	بطاقة إيداع المعاطف
binóculo (m)	naḍḍāra mo'aẓẓema lel obera (f)	نظارة معظمة للأوبرا
lanterninha (m)	ḥāgeb el sinema (m)	حاجب السينما
plateia (f)	karāsy el orkestra (pl)	كراسي الأوركسترا
balcão (m)	balakona (f)	بلكونة
primeiro balcão (m)	ʃorfa (f)	شرفة
camarote (m)	log (m)	لوج
fila (f)	ṣaff (m)	صفّ
assento (m)	meq'ad (m)	مقعد
público (m)	gomhūr (m)	جمهور
espectador (m)	moʃāhed (m)	مشاهد
aplaudir (vt)	ṣaffa'	صفّق
aplauso (m)	taṣfī' (m)	تصفيق
ovação (f)	taṣfī' ḥār (m)	تصفيق حار
palco (m)	χaʃabet el masraḥ (f)	خشبة المسرح
cortina (f)	setāra (f)	ستارة
cenário (m)	dekor (m)	ديكور
bastidores (m pl)	kawalīs (pl)	كواليس
cena (f)	maʃ-had (m)	مشهد
ato (m)	faṣl (m)	فصل
intervalo (m)	estrāḥa (f)	استراحة

125. Cinema

ator (m)	momassel (m)	ممثّل
atriz (f)	momassela (f)	ممثّلة
cinema (m)	el aflām (m)	الأفلام
filme (m)	film (m)	فيلم
episódio (m)	goz' (m)	جزء
filme (m) policial	film bolīsy (m)	فيلم بوليسي
filme (m) de ação	film akʃen (m)	فيلم أكشن
filme (m) de aventuras	film moɣamarāt (m)	فيلم مغامرات
filme (m) de ficção científica	film ɣayāl 'elmy (m)	فيلم خيال علمي
filme (m) de horror	film ro'b (m)	فيلم رعب
comédia (f)	film komedia (f)	فيلم كوميديا
melodrama (m)	melodrama (m)	ميلودراما
drama (m)	drama (f)	دراما
filme (m) de ficção	film ɣayāly (m)	فيلم خيالي
documentário (m)	film wasā'eqy (m)	فيلم وثائقي
desenho (m) animado	kartōn (m)	كرتون
cinema (m) mudo	sinema ṣāmeta (f)	سينما صامتة
papel (m)	dore (m)	دور
papel (m) principal	dore raīsy (m)	دور رئيسي
representar (vt)	massel	مثّل
estrela (f) de cinema	negm senamā'y (m)	نجم سينمائي
conhecido (adj)	ma'rūf	معروف
famoso (adj)	maʃ-hūr	مشهور
popular (adj)	maḥbūb	محبوب
roteiro (m)	senario (m)	سيناريو
roteirista (m)	kāteb senario (m)	كاتب سيناريو
diretor (m) de cinema	moxreg (m)	مخرج
produtor (m)	monteg (m)	منتج
assistente (m)	mosā'ed (m)	مساعد
diretor (m) de fotografia	moṣawwer (m)	مصوّر
dublê (m)	mo'addy maʃāhed xaṭīra (m)	مؤدي مشاهد خطيرة
dublê (m) de corpo	momassel badīl (m)	ممثّل بديل
filmar (vt)	ṣawwar film	صوّر فيلم
audição (f)	tagreba adā' (f)	تجربة أداء
filmagem (f)	taṣwīr (m)	تصوير
equipe (f) de filmagem	ṭāqem el film (m)	طاقم الفيلم
set (m) de filmagem	mante'et taṣwīr (f)	منطقة التصوير
câmera (f)	kamera (f)	كاميرا
cinema (m)	sinema (f)	سينما
tela (f)	ʃāʃa (f)	شاشة
exibir um filme	'araḍ film	عرض فيلم
trilha (f) sonora	mosīqa taṣweriya (f)	موسيقي تصويرية
efeitos (m pl) especiais	mo'asserāt xāṣa (pl)	مؤثّرات خاصّة

legendas (f pl)	targamet el ḥewār (f)	ترجمة الحوار
crédito (m)	ʃāret el nehāya (f)	شارة النهاية
tradução (f)	targama (f)	ترجمة

126. Pintura

arte (f)	fann (m)	فنّ
belas-artes (f pl)	fonūn gamīla (pl)	فنون جميلة
galeria (f) de arte	maʿraḍ fonūn (m)	معرض فنون
exibição (f) de arte	maʿraḍ fanny (m)	معرض فنّي
pintura (f)	lawḥa (f)	لوحة
arte (f) gráfica	fann taṣwīry (m)	فن تصويري
arte (f) abstrata	fann tagrīdy (m)	فن تجريدي
impressionismo (m)	el enṭebāʿiya (f)	الإنطباعيّة
pintura (f), quadro (m)	lawḥa (f)	لوحة
desenho (m)	rasm (m)	رسم
cartaz, pôster (m)	boster (m)	بوستر
ilustração (f)	rasm tawḍīḥy (m)	رسم توضيحي
miniatura (f)	ṣūra moṣagɣara (f)	صورة مصغّرة
cópia (f)	nosχa (f)	نسخة
reprodução (f)	nosχa ṭebʾ el aṣl (f)	نسخة طبق الأصل
mosaico (m)	fosayfesāʾ (f)	فسيفساء
vitral (m)	ʃebbāk ʾezāz mlawwen (m)	شبّاك قزاز ملوّن
afresco (m)	taṣwīr gaṣṣy (m)	تصوير جصي
gravura (f)	naʾʃ (m)	نقش
busto (m)	temsāl neṣfy (m)	تمثال نصفي
escultura (f)	naḥt (m)	نحت
estátua (f)	temsāl (m)	تمثال
gesso (m)	gibss (m)	جبس
em gesso (adj)	men el gebs	من الجبس
retrato (m)	bortreyh (m)	بورتريه
autorretrato (m)	bortreyh ʃaχṣy (m)	بورتريه شخصي
paisagem (f)	lawḥet manzar ṭabeeʿy (f)	لوحة منظر طبيعي
natureza (f) morta	ṭabeeʿa ṣāmeta (f)	طبيعة صامتة
caricatura (f)	ṣūra karikatoriya (f)	صورة كاريكاتورية
esboço (m)	rasm tamhīdy (m)	رسم تمهيدي
tinta (f)	lone (m)	لون
aquarela (f)	alwān maya (m)	ألوان ميّة
tinta (f) a óleo	zeyt (m)	زيت
lápis (m)	ʾalam roṣāṣ (m)	قلم رصاص
tinta (f) nanquim	ḥebr hendy (m)	حبر هندي
carvão (m)	faḥm (m)	فحم
desenhar (vt)	rasam	رسم
pintar (vt)	rasam	رسم
posar (vi)	ʾaʿad	قعد
modelo (m)	modeyl ḥayī amām el rassām (m)	موديل حيّ أمام الرسّام

modelo (f)	modeyl ḥayī amām el rassām (m)	موديل حيّ أمام الرسّام
pintor (m)	rassām (m)	رسّام
obra (f)	'amal fanny (m)	عمل فنّي
obra-prima (f)	toḥfa faniya (f)	تحفة فنيّة
estúdio (m)	warʃa (f)	ورشة
tela (f)	kanava (f)	كانفا
cavalete (m)	masnad el loḥe (m)	مسند اللوح
paleta (f)	lawḥet el alwān (f)	لوحة الألوان
moldura (f)	eṭār (m)	إطار
restauração (f)	tarmīm (m)	ترميم
restaurar (vt)	rammem	رمّم

127. Literatura & Poesia

literatura (f)	adab (m)	أدب
autor (m)	mo'allef (m)	مؤلّف
pseudônimo (m)	esm mosta'ār (m)	اسم مستعار
livro (m)	ketāb (m)	كتاب
volume (m)	mogallad (m)	مجلّد
índice (m)	gadwal el moḥtawayāt (m)	جدول المحتويات
página (f)	ṣafḥa (f)	صفحة
protagonista (m)	el ʃaχṣiya el ra'esiya (f)	الشخصية الرئيسية
autógrafo (m)	tawqee' el mo'allef (m)	توقيع المؤلّف
conto (m)	qeṣṣa 'aṣīra (f)	قصّة قصيرة
novela (f)	'oṣṣa (f)	قصّة
romance (m)	rewāya (f)	رواية
obra (f)	mo'allef (m)	مؤلّف
fábula (m)	ḥekāya (f)	حكاية
romance (m) policial	rewāya bolesiya (f)	رواية بوليسية
verso (m)	'aṣīda (f)	قصيدة
poesia (f)	ʃe'r (m)	شعر
poema (m)	'aṣīda (f)	قصيدة
poeta (m)	ʃā'er (m)	شاعر
ficção (f)	χayāl (m)	خيال
ficção (f) científica	χayāl 'elmy (m)	خيال علمي
aventuras (f pl)	adab el moγamrāt (m)	أدب المغامرات
literatura (f) didática	adab tarbawy (m)	أدب تربويّ
literatura (f) infantil	adab el aṭfāl (m)	أدب الأطفال

128. Circo

circo (m)	serk (m)	سيرك
circo (m) ambulante	serk motana"el (m)	سيرك متنقّل
programa (m)	barnāmeg (m)	برنامج
apresentação (f)	adā' (m)	أداء

número (m)	'arḍ (m)	عرض
picadeiro (f)	ḥalabet el serk (f)	حلبة السيرك
pantomima (f)	momassel īmā'y (m)	ممثّل إيمائي
palhaço (m)	aragoze (m)	أراجوز
acrobata (m)	bahlawān (m)	بهلوان
acrobacia (f)	al'ab bahlawaniya (f)	ألعاب بهلوانية
ginasta (m)	lā'eb gombāz (m)	لاعب جمباز
ginástica (f)	gombāz (m)	جمباز
salto (m) mortal	ḥarakāt ʃa'laba (pl)	حركات شقلبة
homem (m) forte	el ragl el qawy (m)	الرجل القوي
domador (m)	morawweḍ (m)	مروّض
cavaleiro (m) equilibrista	fāres (m)	فارس
assistente (m)	mosā'ed (m)	مساعد
truque (m)	ḥeyla (f)	حيلة
truque (m) de mágica	χed'a seḥriya (f)	خدعة سحرية
ilusionista (m)	sāḥer (m)	ساحر
malabarista (m)	bahlawān (m)	بهلوان
fazer malabarismos	le'eb be korāt 'adīda	لعب بكرات عديدة
adestrador (m)	modarreb ḥayawanāt (m)	مدرّب حيوانات
adestramento (m)	tadrīb el ḥayawanāt (m)	تدريب الحيوانات
adestrar (vt)	darrab	درّب

129. Música. Música popular

música (f)	mosīqa (f)	موسيقى
músico (m)	'āzef (m)	عازف
instrumento (m) musical	'āla moseqiya (f)	آلة موسيقيّة
tocar ...	'azaf ...	عزف...
guitarra (f)	guitar (m)	جيتار
violino (m)	kamān (m)	كمان
violoncelo (m)	el tʃello (m)	التشيلو
contrabaixo (m)	kamān kebīr (m)	كمان كبير
harpa (f)	qesār (m)	قيثار
piano (m)	biano (m)	بيانو
piano (m) de cauda	biano kebīr (m)	بيانو كبير
órgão (m)	arɣan (m)	أرغن
instrumentos (m pl) de sopro	'ālāt el nafχ (pl)	آلات النفخ
oboé (m)	mezmār (m)	مزمار
saxofone (m)	saksofon (m)	ساكسوفون
clarinete (m)	klarinet (m)	كلارينيت
flauta (f)	flute (m)	فلوت
trompete (m)	bū' (m)	بوق
acordeão (m)	okordiōn (m)	أكورديون
tambor (m)	ṭabla (f)	طبلة
dueto (m)	sonā'y (m)	ثنائي

trio (m)	solāsy (m)	ثلاثي
quarteto (m)	robā'y (m)	رباعي
coro (m)	korale (m)	كورال
orquestra (f)	orkestra (f)	أوركسترا

música (f) pop	mosïqa el bob (f)	موسيقى البوب
música (f) rock	mosïqa el rok (f)	موسيقى الروك
grupo (m) de rock	fer'et el rokk (f)	فرقة الروك
jazz (m)	ʒāzz (m)	جاز

| ídolo (m) | ma'būd (m) | معبود |
| fã, admirador (m) | mo'gab (m) | معجب |

concerto (m)	ḥafla mūsiqiya (f)	حفلة موسيقيّة
sinfonia (f)	semfoniya (f)	سمفونيّة
composição (f)	'eṭ'a mosiqiya (f)	قطعة موسيقيّة
compor (vt)	allaf	ألّف

canto (m)	ɣenā' (m)	غناء
canção (f)	oɣniya (f)	أغنيّة
melodia (f)	laḥn (m)	لحن
ritmo (m)	eqā' (m)	إيقاع
blues (m)	mosïqa el blues (f)	موسيقى البلوز

notas (f pl)	notāt (pl)	نوتات
batuta (f)	'aṣa el maystro (m)	عصا المايسترو
arco (m)	qose (m)	قوس
corda (f)	watar (m)	وتر
estojo (m)	ʃanṭa (f)	شنطة

Descanso. Entretenimento. Viagens

130. Viagens

turismo (m)	seyāḥa (f)	سياحة
turista (m)	sā'eḥ (m)	سائح
viagem (f)	reḥla (f)	رحلة
aventura (f)	moɣamra (f)	مغامرة
percurso (curta viagem)	reḥla (f)	رحلة
férias (f pl)	agāza (f)	أجازة
estar de férias	kān fi agāza	كان في أجازة
descanso (m)	estrāḥa (f)	إستراحة
trem (m)	qeṭār, 'aṭṭr (m)	قطار
de trem (chegar ~)	bel qeṭār - bel aṭṭr	بالقطار
avião (m)	ṭayāra (f)	طيّارة
de avião	bel ṭayāra	بالطيّارة
de carro	bel sayāra	بالسيّارة
de navio	bel safīna	بالسفينة
bagagem (f)	el ʃonaṭ (pl)	الشنط
mala (f)	ʃanṭa (f)	شنطة
carrinho (m)	'arabet ʃonaṭ (f)	عربة شنط
passaporte (m)	basbore (m)	باسبور
visto (m)	ta'ʃīra (f)	تأشيرة
passagem (f)	tazkara (f)	تذكرة
passagem (f) aérea	tazkara ṭayarān (f)	تذكرة طيران
guia (m) de viagem	dalīl (m)	دليل
mapa (m)	χarīṭa (f)	خريطة
área (f)	mante'a (f)	منطقة
lugar (m)	makān (m)	مكان
exotismo (m)	ɣarāba (f)	غرابة
exótico (adj)	ɣarīb	غريب
surpreendente (adj)	mod-heʃ	مدهش
grupo (m)	magmūʿa (f)	مجموعة
excursão (f)	gawla (f)	جولة
guia (m)	morʃed (m)	مرشد

131. Hotel

hotel (m)	fondo' (m)	فندق
motel (m)	motel (m)	موتيل
três estrelas	talat nogūm	ثلاث نجوم

cinco estrelas	χamas nogūm	خمس نجوم
ficar (vi, vt)	nezel	نزل
quarto (m)	oḍa (f)	أوضة
quarto (m) individual	owḍa le ʃaχṣ wāḥed (f)	أوضة لشخص واحد
quarto (m) duplo	oḍa le ʃaχṣeyn (f)	أوضة لشخصين
reservar um quarto	ḥagaz owḍa	حجز أوضة
meia pensão (f)	wagbeteyn fel yome (du)	وجبتين في اليوم
pensão (f) completa	talat wagabāt fel yome	ثلاث وجبات في اليوم
com banheira	bel banyo	بـ البانيو
com chuveiro	bel doʃ	بالدوش
televisão (m) por satélite	televizion be qanawāt faḍaʼiya (m)	تليفزيون بقنوات فضائية
ar (m) condicionado	takyīf (m)	تكييف
toalha (f)	fūṭa (f)	فوطة
chave (f)	meftāḥ (m)	مفتاح
administrador (m)	modīr (m)	مدير
camareira (f)	ʻāmela tandīf γoraf (f)	عاملة تنظيف غرف
bagageiro (m)	ʃayāl (m)	شيّال
porteiro (m)	bawwāb (m)	بوّاب
restaurante (m)	matʻam (m)	مطعم
bar (m)	bār (m)	بار
café (m) da manhã	foṭūr (m)	فطور
jantar (m)	ʻaʃāʼ (m)	عشاء
bufê (m)	bofeyh (m)	بوفيه
saguão (m)	rad-ha (f)	ردهة
elevador (m)	asanseyr (m)	أسانسير
NÃO PERTURBE	nargu ʻadam el ezʻāg	نرجو عدم الإزعاج
PROIBIDO FUMAR!	mamnūʻ el tadχīn	ممنوع التدخين

132. Livros. Leitura

livro (m)	ketāb (m)	كتاب
autor (m)	moʼallef (m)	مؤلّف
escritor (m)	kāteb (m)	كاتب
escrever (~ um livro)	allaf	ألّف
leitor (m)	qāreʼ (m)	قارئ
ler (vt)	ʼara	قرأ
leitura (f)	qerāʼa (f)	قراءة
para si	beṣamt	بصمت
em voz alta	beṣote ʻāly	بصوت عالي
publicar (vt)	naʃar	نشر
publicação (f)	naʃr (m)	نشر
editor (m)	nāʃer (m)	ناشر
editora (f)	dar el ṭebāʼa wel naʃr (f)	دار الطباعة والنشر

sair (vi)	şadar	صدر
lançamento (m)	şodūr (m)	صدور
tiragem (f)	ʿadad el nosaχ (m)	عدد النسخ
livraria (f)	maḥal kotob (m)	محل كتب
biblioteca (f)	maktaba (f)	مكتبة
novela (f)	ʾoşşa (f)	قصّة
conto (m)	qeşşa ʾaşīra (f)	قصّة قصيرة
romance (m)	rewāya (f)	رواية
romance (m) policial	rewāya bolesiya (f)	رواية بوليسية
memórias (f pl)	mozakkerāt (pl)	مذكّرات
lenda (f)	osţūra (f)	أسطورة
mito (m)	χorāfa (f)	خرافة
poesia (f)	ʃeʿr (m)	شعر
autobiografia (f)	sīret ḥayah (f)	سيرة حياة
obras (f pl) escolhidas	muχtarāt (pl)	مختارات
ficção (f) científica	χayāl ʿelmy (m)	خيال علمي
título (m)	ʿenwān (m)	عنوان
introdução (f)	moqaddema (f)	مقدّمة
folha (f) de rosto	şafḥet ʿenwān (f)	صفحة العنوان
capítulo (m)	faşl (m)	فصل
excerto (m)	χolāşa (f)	خلاصة
episódio (m)	maʃ-had (m)	مشهد
enredo (m)	ḥabka (f)	حبكة
conteúdo (m)	moḥtawayāt (pl)	محتويات
índice (m)	gadwal el moḥtawayāt (m)	جدوّل المحتويات
protagonista (m)	el ʃaχşiya el ra'esiya (f)	الشخصية الرئيسية
volume (m)	mogallad (m)	مجلّد
capa (f)	γelāf (m)	غلاف
encadernação (f)	taglīd (m)	تجليد
marcador (m) de página	ʃerīṭ (m)	شريط
página (f)	şafḥa (f)	صفحة
folhear (vt)	ʾalleb el şafaḥāt	قلّب الصفحات
margem (f)	hāmeʃ (m)	هامش
anotação (f)	molaḥza (f)	ملاحظة
nota (f) de rodapé	molaḥza (f)	ملاحظة
texto (m)	noşş (m)	نصّ
fonte (f)	nūʿ el χaṭṭ (m)	نوع الخطّ
falha (f) de impressão	χaṭa' maṭbaʿy (m)	خطأ مطبعيّ
tradução (f)	targama (f)	ترجمة
traduzir (vt)	targem	ترجم
original (m)	aşliya (f)	أصلية
famoso (adj)	maʃ-hūr	مشهور
desconhecido (adj)	meʃ maʿrūf	مش معروف
interessante (adj)	moʃawweq	مشوّق

best-seller (m)	aktar mabee'an (m)	أكثر مبيعاً
dicionário (m)	qamūs (m)	قاموس
livro (m) didático	ketāb ta'līm (m)	كتاب تعليم
enciclopédia (f)	ensayklopedia (f)	إنسيكلوبيديا

133. Caça. Pesca

caça (f)	ṣeyd (m)	صيد
caçar (vi)	eṣṭād	إصطاد
caçador (m)	ṣayād (m)	صيّاد

disparar, atirar (vi)	ḍarab bel nār	ضرب بالنار
rifle (m)	bondoqiya (f)	بندقيّة
cartucho (m)	roṣāṣa (f)	رصاصة
chumbo (m) de caça	'eyār (m)	عيار

armadilha (f)	maṣyada (f)	مصيّدة
armadilha (com corda)	fakẖ (m)	فخّ
cair na armadilha	we'e' fe fakẖ	وقع في فخّ
pôr a armadilha	naṣb fakẖ	نصب فخّ

caçador (m) furtivo	sāre' el ṣeyd (m)	سارق الصيد
caça (animais)	ṣeyd (m)	صيد
cão (m) de caça	kalb ṣeyd (m)	كلب صيد
safári (m)	safāry (m)	سفاري
animal (m) empalhado	ḥayawān moḥannaṭ (m)	حيوان محنّط

pescador (m)	ṣayād el samak (m)	صيّاد السمك
pesca (f)	ṣeyd el samak (m)	صيد السمك
pescar (vt)	eṣṭād samak	إصطاد سمك

vara (f) de pesca	ṣennāra (f)	صنّارة
linha (f) de pesca	ẖeyṭ (m)	خيط
anzol (m)	ʃaṣ el garīma (m)	شص الصيد
boia (f), flutuador (m)	'awwāma (f)	عوّامة
isca (f)	ṭa'm (m)	طعم

| lançar a linha | ṭaraḥ el ṣennāra | طرح الصنّارة |
| morder (peixe) | 'aḍḍ | عضّ |

| pesca (f) | el samak el moṣṭād (m) | السمك المصطاد |
| buraco (m) no gelo | fat-ḥa fel galīd (f) | فتحة في الجليد |

| rede (f) | ʃabaket el ṣeyd (f) | شبكة الصيد |
| barco (m) | markeb (m) | مركب |

pescar com rede	eṣṭād bel ʃabaka	إصطاد بالشبكة
lançar a rede	rama ʃabaka	رمى شبكة
puxar a rede	aẖrag ʃabaka	أخرج شبكة
cair na rede	we'e' fe ʃabaka	وقع في شبكة

baleeiro (m)	ṣayād el ḥūt (m)	صيّاد الحوت
baleeira (f)	safīna ṣeyd ḥitān (f)	سفينة صيد الحيتان
arpão (m)	ḥerba (f)	حربة

134. Jogos. Bilhar

bilhar (m)	bilyardo (m)	بلياردو
sala (f) de bilhar	qā'a bilyardo (m)	قاعة بلياردو
bola (f) de bilhar	kora (f)	كرة
embolsar uma bola	daкхal kora	دخّل كرة
taco (m)	'aṣāyet bilyardo (f)	عصاية بلياردو
caçapa (f)	geyb bilyardo (m)	جيب بلياردو

135. Jogos. Jogar cartas

ouros (m pl)	el dinary (m)	الديناري
espadas (f pl)	el bastūny (m)	البستوني
copas (f pl)	el koba (f)	الكوبة
paus (m pl)	el sebāty (m)	السباتي
ás (m)	'āss (m)	آس
rei (m)	malek (m)	ملك
dama (f), rainha (f)	maleka (f)	ملكة
valete (m)	walad (m)	ولد
carta (f) de jogar	wara'a (f)	ورقة
cartas (f pl)	wara' (m)	ورق
trunfo (m)	wara'a rābeḥa (f)	ورقة رابحة
baralho (m)	desta wara' 'enab (f)	دستة ورق اللعب
ponto (m)	nu'ṭa (f)	نقطة
dar, distribuir (vt)	farra'	فرّق
embaralhar (vt)	хalaṭ	خلط
vez, jogada (f)	dore (m)	دور
trapaceiro (m)	moḥtāl fel 'omār (m)	محتال في القمار

136. Descanso. Jogos. Diversos

passear (vi)	tamasʃa	تمشّي
passeio (m)	tamʃeya (f)	تمشيّة
viagem (f) de carro	gawla bel sayāra (f)	جولة بالسيّارة
aventura (f)	moɣamra (f)	مغامرة
piquenique (m)	nozha (f)	نزهة
jogo (m)	le'ba (f)	لعبة
jogador (m)	lā'eb (m)	لاعب
partida (f)	dore (m)	دور
colecionador (m)	gāme' (m)	جامع
colecionar (vt)	gamma'	جمع
coleção (f)	magmū'a (f)	مجموعة
palavras (f pl) cruzadas	kalemāt motaqaṭ'a (pl)	كلمات متقاطعة
hipódromo (m)	ḥalabet el sebā' (f)	حلبة السباق

discoteca (f)	disko (m)	ديسكو
sauna (f)	sauna (f)	ساونا
loteria (f)	yanaṣīb (m)	يانصيب

campismo (m)	reḥlet taχyīm (f)	رحلة تخييم
acampamento (m)	moχayam (m)	مخيّم
barraca (f)	χeyma (f)	خيمة
bússola (f)	boṣla (f)	بوصلة
campista (m)	moχayam (m)	مخيّم

ver (vt), assistir à ...	ʃāhed	شاهد
telespectador (m)	moʃāhed (m)	مشاهد
programa (m) de TV	barnāmeg televiziony (m)	برنامج تليفزيوني

137. Fotografia

máquina (f) fotográfica	kamera (f)	كاميرا
foto, fotografia (f)	ṣūra (f)	صورة

fotógrafo (m)	moṣawwer (m)	مصوّر
estúdio (m) fotográfico	estudio taṣwīr (m)	إستوديو تصوير
álbum (m) de fotografias	albūm el ṣewar (m)	ألبوم الصور

lente (f) fotográfica	ʿadaset kamera (f)	عدسة الكاميرا
lente (f) teleobjetiva	ʿadasa teleskopiya (f)	عدسة تلسكوبيّة
filtro (m)	filter (m)	فلتر
lente (f)	ʿadasa (f)	عدسة

ótica (f)	baṣrīāt (pl)	بصريات
abertura (f)	saddāda (f)	سدّادة
exposição (f)	moddet el taʿarroḍ (f)	مدّة التعرض
visor (m)	el ʿeyn el faḥeṣa (f)	العين الفاحصة

câmera (f) digital	kamera diʒital (f)	كاميرا ديجيتال
tripé (m)	tribod (m)	ترايبود
flash (m)	flāʃ (m)	فلاش

fotografar (vt)	ṣawwar	صوّر
tirar fotos	ṣawwar	صوّر
fotografar-se (vr)	etṣawwar	إتصوّر

foco (m)	tarkīz (m)	تركيز
focar (vt)	rakkez	ركّز
nítido (adj)	ḥādda	حادّة
nitidez (f)	ḥedda (m)	حدّة

contraste (m)	tabāyon (m)	تباين
contrastante (adj)	motabāyen	متباين

retrato (m)	ṣūra (f)	صورة
negativo (m)	el nosχa el salba (f)	النسخة السالبة
filme (m)	film (m)	فيلم
fotograma (m)	eṭār (m)	إطار
imprimir (vt)	ṭabaʿ	طبع

138. Praia. Natação

praia (f)	ʃāṭeʼ (m)	شاطئ
areia (f)	raml (m)	رمل
deserto (adj)	mahgūr	مهجور
bronzeado (m)	esmerār el baʃra (m)	إسمرار البشرة
bronzear-se (vr)	etʃammes	إتشمّس
bronzeado (adj)	asmar	أسمر
protetor (m) solar	krīm wāqy men el ʃams (m)	كريم واقي من الشمس
biquíni (m)	bikini (m)	بكيني
maiô (m)	mayo (m)	مايّوه
calção (m) de banho	mayo regāly (m)	مايّوه رجالي
piscina (f)	ḥammām sebāḥa (m)	حمّام سباحة
nadar (vi)	ʻām, sabaḥ	عام, سبح
chuveiro (m), ducha (f)	doʃ (m)	دوش
mudar, trocar (vt)	ɣayar lebso	غيّر لبسه
toalha (f)	fūṭa (f)	فوطة
barco (m)	markeb (m)	مركب
lancha (f)	lunʃ (m)	لنش
esqui (m) aquático	tazallog ʻalal māʼ (m)	تزلّج على الماء
barco (m) de pedais	el baddāl (m)	البدّال
surf, surfe (m)	surfing (m)	سيرفينج
surfista (m)	rākeb el amwāg (m)	راكب الأمواج
equipamento (m) de mergulho	gehāz el tanaffos (m)	جهاز التنفّس
pé (m pl) de pato	zaʻānef el sebāḥa (pl)	زعانف السباحة
máscara (f)	kamāma (f)	كمامة
mergulhador (m)	ɣawwāṣ (m)	غوّاص
mergulhar (vi)	ɣāṣ	غاص
debaixo d'água	taḥt el maya	تحت المايّة
guarda-sol (m)	ʃamsiya (f)	شمسيّة
espreguiçadeira (f)	korsy blāʒ (m)	كرسي بلاج
óculos (m pl) de sol	naḍḍāret ʃams (f)	نضّارة شمس
colchão (m) de ar	martaba hawaʼiya (f)	مرتبة هوائية
brincar (vi)	leʻeb	لعب
ir nadar	sebeḥ	سبح
bola (f) de praia	koret ʃaṭṭ (f)	كرة شطّ
encher (vt)	nafaχ	نفخ
inflável (adj)	qābel lel nafχ	قابل للنفخ
onda (f)	mouga (f)	موجة
boia (f)	ʃamandūra (f)	شمندورة
afogar-se (vr)	ɣereʼ	غرق
salvar (vt)	anqaz	أنقذ
colete (m) salva-vidas	sotret nagah (f)	سترة نجاة
observar (vt)	rāqab	راقب
salva-vidas (pessoa)	ḥāres ʃāṭeʼ (m)	حارس شاطئ

EQUIPAMENTO TÉCNICO. TRANSPORTES

Equipamento técnico. Transportes

139. Computador

computador (m)	kombuter (m)	كمبيوتر
computador (m) portátil	lab tob (m)	لابتوب
ligar (vt)	fataḥ, ʃagɣal	فتح، شغّل
desligar (vt)	ṭaffa	طفّى
teclado (m)	lawḥet el mafatīḥ (f)	لوحة المفاتيح
tecla (f)	meftāḥ (m)	مفتاح
mouse (m)	maws (m)	ماوس
tapete (m) para mouse	maws bād (m)	ماوس باد
botão (m)	zerr (m)	زرّ
cursor (m)	mo'asʃer (m)	مؤشّر
monitor (m)	ʃāʃa (f)	شاشة
tela (f)	ʃāʃa (f)	شاشة
disco (m) rígido	hard disk (m)	هارد ديسك
capacidade (f) do disco rígido	se'et el hard disk (f)	سعة الهارد ديسك
memória (f)	zākera (f)	ذاكرة
memória RAM (f)	zākerat el woṣūl el 'aʃwā'y (f)	ذاكرة الوصول العشوائي
arquivo (m)	malaff (m)	ملفّ
pasta (f)	ḥāfeza (m)	حافظة
abrir (vt)	fataḥ	فتح
fechar (vt)	'afal	قفل
salvar (vt)	ḥafaẓ	حفظ
deletar (vt)	masaḥ	مسح
copiar (vt)	nasaχ	نسخ
ordenar (vt)	ṣannaf	صنّف
copiar (vt)	na'al	نقل
programa (m)	barnāmeg (m)	برنامج
software (m)	barmagīāt (pl)	برمجيات
programador (m)	mobarmeg (m)	مبرمج
programar (vt)	barmag	برمج
hacker (m)	haker (m)	هاكر
senha (f)	kelmet el serr (f)	كلمة السرّ
vírus (m)	virūs (m)	فيروس
detectar (vt)	la'a	لقى
byte (m)	byte (m)	بايت

megabyte (m)	megabayt (m)	ميجا بايت
dados (m pl)	bayanāt (pl)	بيانات
base (f) de dados	qa'edet bayanāt (f)	قاعدة بيانات

cabo (m)	kabl (m)	كابل
desconectar (vt)	faṣal	فصل
conectar (vt)	waṣṣal	وصّل

140. Internet. E-mail

internet (f)	internet (m)	إنترنت
browser (m)	motaṣaffeḥ (m)	متصفح
motor (m) de busca	moḥarrek baḥs (m)	محرك بحث
provedor (m)	ʃerket el internet (f)	شركة الإنترنت

webmaster (m)	modīr el mawqe' (m)	مدير الموقع
website (m)	mawqe' elektrony (m)	موقع إلكتروني
web page (f)	ṣafḥet web (f)	صفحة ويب

| endereço (m) | 'enwān (m) | عنوان |
| livro (m) de endereços | daftar el 'anawīn (m) | دفتر العناوين |

caixa (f) de correio	ṣandū' el barīd (m)	صندوق البريد
correio (m)	barīd (m)	بريد
cheia (caixa de correio)	mumtali'	ممتلىء

mensagem (f)	resāla (f)	رسالة
mensagens (f pl) recebidas	rasa'el wārda (pl)	رسائل واردة
mensagens (f pl) enviadas	rasa'el ṣādra (pl)	رسائل صادرة
remetente (m)	morsel (m)	مرسل
enviar (vt)	arsal	أرسل
envio (m)	ersāl (m)	إرسال
destinatário (m)	morsel elayh (m)	مرسل إليه
receber (vt)	estalam	إستلم

| correspondência (f) | morasla (f) | مراسلة |
| corresponder-se (vr) | tarāsal | تراسل |

arquivo (m)	malaff (m)	ملفّ
fazer download, baixar (vt)	ḥammel	حمّل
criar (vt)	'amal	عمل
deletar (vt)	masaḥ	مسح
deletado (adj)	mamsūḥ	ممسوح

conexão (f)	etteṣāl (m)	إتّصال
velocidade (f)	sor'a (f)	سرعة
modem (m)	modem (m)	مودم
acesso (m)	woṣūl (m)	وصول
porta (f)	maxrag (m)	مخرج

conexão (f)	etteṣāl (m)	إتّصال
conectar (vi)	yuwṣel	يوصل
escolher (vt)	extār	إختار
buscar (vt)	baḥs	بحث

Transportes

141. Avião

avião (m)	ṭayāra (f)	طيّارة
passagem (f) aérea	tazkara ṭayarān (f)	تذكرة طيران
companhia (f) aérea	ʃerket ṭayarān (f)	شركة طيران
aeroporto (m)	maṭār (m)	مطار
supersônico (adj)	xāreq lel ṣote	خارق للصوت
comandante (m) do avião	kabten (m)	كابتن
tripulação (f)	ṭa'm (m)	طقم
piloto (m)	ṭayār (m)	طيّار
aeromoça (f)	moḍīfet ṭayarān (f)	مضيفة طيران
copiloto (m)	mallāḥ (m)	ملّاح
asas (f pl)	agneḥa (pl)	أجنحة
cauda (f)	deyl (m)	ذيل
cabine (f)	kabīna (f)	كابينة
motor (m)	motore (m)	موتور
trem (m) de pouso	ʿagalāt el hobūṭ (pl)	عجلات الهبوط
turbina (f)	torbīna (f)	توربينة
hélice (f)	marwaḥa (f)	مروّحة
caixa-preta (f)	mosaggel el ṭayarān (m)	مسجّل الطيران
coluna (f) de controle	moqawwed el ṭayāra (m)	مقوّد الطيّارة
combustível (m)	woqūd (m)	وقود
instruções (f pl) de segurança	beṭā'et el salāma (f)	بطاقة السلامة
máscara (f) de oxigênio	mask el oksyӡīn (m)	ماسك الاوكسجين
uniforme (m)	zayī muwaḥḥad (m)	زيّ موحّد
colete (m) salva-vidas	sotret nagah (f)	سترة نجاة
paraquedas (m)	baraʃot (m)	باراشوت
decolagem (f)	eqlāʿ (m)	إقلاع
descolar (vi)	aqlaʿet	أقلعت
pista (f) de decolagem	modarrag el ṭa'erāṭ (m)	مدرّج الطائرات
visibilidade (f)	ro'ya (f)	رؤية
voo (m)	ṭayarān (m)	طيران
altura (f)	ertefāʿ (m)	إرتفاع
poço (m) de ar	geyb hawā'y (m)	جيب هوائي
assento (m)	meqʿad (m)	مقعد
fone (m) de ouvido	sammaʿāt ra'siya (pl)	سمّاعات رأسية
mesa (f) retrátil	ṣeniya qabela lel ṭayī (f)	صينية قابلة للطيّ
janela (f)	ʃebbāk el ṭayāra (m)	شبّاك الطيّارة
corredor (m)	mamarr (m)	ممرّ

142. Comboio

trem (m)	qeṭār, 'aṭṭr (m)	قطار
trem (m) elétrico	qeṭār rokkāb (m)	قطار ركّاب
trem (m)	qeṭār saree' (m)	قطار سريع
locomotiva (f) diesel	qāṭeret dīzel (f)	قاطرة ديزل
locomotiva (f) a vapor	qāṭera boχariya (f)	قاطرة بخاريّة
vagão (f) de passageiros	'araba (f)	عربة
vagão-restaurante (m)	'arabet el ṭa'ām (f)	عربة الطعام
carris (m pl)	qoḍbān (pl)	قضبان
estrada (f) de ferro	sekka ḥadīdiya (f)	سكّة حديديّة
travessa (f)	'āreḍa sekket ḥadīd (f)	عارضة سكّة الحديد
plataforma (f)	raṣīf (m)	رصيف
linha (f)	χaṭṭ (m)	خطّ
semáforo (m)	semafore (m)	سيمافور
estação (f)	maḥaṭṭa (f)	محطّة
maquinista (m)	sawwā' (m)	سوّاق
bagageiro (m)	ʃayāl (m)	شيّال
hospedeiro, -a (m, f)	mas'ūl 'arabet el qeṭār (m)	مسؤول عربة القطار
passageiro (m)	rākeb (m)	راكب
revisor (m)	kamsary (m)	كمسري
corredor (m)	mamarr (m)	ممرّ
freio (m) de emergência	farāmel el ṭawāre' (pl)	فرامل الطوارئ
compartimento (m)	γorfa (f)	غرفة
cama (f)	serīr (m)	سرير
cama (f) de cima	serīr 'olwy (m)	سرير علوّي
cama (f) de baixo	serīr sofly (m)	سرير سفلي
roupa (f) de cama	aγṭeyet el serīr (pl)	أغطيّة السرير
passagem (f)	tazkara (f)	تذكرة
horário (m)	gadwal (m)	جدوّل
painel (m) de informação	lawḥet ma'lomāt (f)	لوحة معلومات
partir (vt)	γādar	غادر
partida (f)	moγadra (f)	مغادرة
chegar (vi)	weṣel	وصل
chegada (f)	woṣūl (m)	وصول
chegar de trem	weṣel bel qeṭār	وصل بالقطار
pegar o trem	rekeb el qeṭār	ركب القطار
descer de trem	nezel men el qeṭār	نزل من القطار
acidente (m) ferroviário	ḥeṭām qeṭār (m)	حطام قطار
descarrilar (vi)	χarag 'an χaṭṭ sīru	خرج عن خطّ سيره
locomotiva (f) a vapor	qāṭera boχariya (f)	قاطرة بخاريّة
foguista (m)	'atʃagy (m)	عطشجي
fornalha (f)	forn el moḥarrek (m)	فرن المحرّك
carvão (m)	faḥm (m)	فحم

143. Barco

navio (m)	safīna (f)	سفينة
embarcação (f)	safīna (f)	سفينة
barco (m) a vapor	baxera (f)	باخرة
barco (m) fluvial	baxera nahriya (f)	باخرة نهرية
transatlântico (m)	safīna seyaḥiya (f)	سفينة سياحيّة
cruzeiro (m)	ṭarrād safīna baḥariya (m)	طرّاد سفينة بحريّة
iate (m)	yaxt (m)	يخت
rebocador (m)	qāṭera baḥariya (f)	قاطرة بحريّة
barcaça (f)	ṣandal (m)	صندل
ferry (m)	ʿabbāra (f)	عبّارة
veleiro (m)	safīna ʃeraʿiya (m)	سفينة شراعيّة
bergantim (m)	markeb ʃerãʿy (m)	مركب شراعي
quebra-gelo (m)	moḥaṭṭemet galīd (f)	محطّمة جليد
submarino (m)	ɣawwāṣa (f)	غوّاصة
bote, barco (m)	markeb (m)	مركب
baleeira (bote salva-vidas)	zawraʾ (m)	زورق
bote (m) salva-vidas	qāreb nagah (m)	قارب نجاة
lancha (f)	lunʃ (m)	لنش
capitão (m)	ʾobṭān (m)	قبطان
marinheiro (m)	baḥḥār (m)	بحّار
marujo (m)	baḥḥār (m)	بحّار
tripulação (f)	ṭāqem (m)	طاقم
contramestre (m)	rabbān (m)	ريّان
grumete (m)	ṣaby el safīna (m)	صبي السفينة
cozinheiro (m) de bordo	ṭabbāx (m)	طبّاخ
médico (m) de bordo	ṭabīb el safīna (m)	طبيب السفينة
convés (m)	saṭ-ḥ el safīna (m)	سطح السفينة
mastro (m)	sāreya (f)	سارية
vela (f)	ʃerãʿ (m)	شراع
porão (m)	ʿanbar (m)	عنبر
proa (f)	moʾaddema (f)	مقدّمة
popa (f)	moʾaxeret el safīna (f)	مؤخّرة السفينة
remo (m)	megdāf (m)	مجداف
hélice (f)	marwaḥa (f)	مروحة
cabine (m)	kabīna (f)	كابينة
sala (f) dos oficiais	ɣorfet el ṭaʿām wel rāḥa (f)	غرفة الطعام والراحة
sala (f) das máquinas	qesm el ʾālāt (m)	قسم الآلات
ponte (m) de comando	borg el qeyāda (m)	برج القيادة
sala (f) de comunicações	ɣorfet el lāselky (f)	غرفة اللاسلكي
onda (f)	mouga (f)	موجة
diário (m) de bordo	segel el safīna (m)	سجل السفينة
luneta (f)	monzār (m)	منظار
sino (m)	garas (m)	جرس

bandeira (f)	'alam (m)	علم
cabo (m)	ḥabl (m)	حبل
nó (m)	'o'da (f)	عقدة

corrimão (m)	drabzīn saṭ-ḥ el safīna (m)	درابزين سطح السفينة
prancha (f) de embarque	sellem (m)	سلّم

âncora (f)	marsāh (f)	مرساة
recolher a âncora	rafa' morsah	رفع مرساة
jogar a âncora	rasa	رسا
amarra (corrente de âncora)	selselet morsah (f)	سلسلة مرساة

porto (m)	minā' (m)	ميناء
cais, amarradouro (m)	marsa (m)	مرسى
atracar (vi)	rasa	رسا
desatracar (vi)	aqla'	أقلع

viagem (f)	reḥla (f)	رحلة
cruzeiro (m)	reḥla baḥariya (f)	رحلة بحرِية
rumo (m)	masār (m)	مسار
itinerário (m)	ṭarī' (m)	طريق

canal (m) de navegação	magra melāḥy (m)	مجرى ملاحيّ
banco (m) de areia	meyāh ḍaḥla (f)	مياه ضحلة
encalhar (vt)	ganaḥ	جنح

tempestade (f)	'āṣefa (f)	عاصفة
sinal (m)	eʃara (f)	إشارة
afundar-se (vr)	ɣere'	غرق
Homem ao mar!	sa'aṭ rāgil min el sefīna!	سقط راجل من السفينة!
SOS	nedā' eɣāsa (m)	نداء إغاثة
boia (f) salva-vidas	ṭo'e nagah (m)	طوق نجاة

144. Aeroporto

aeroporto (m)	maṭār (m)	مطار
avião (m)	ṭayāra (f)	طيّارة
companhia (f) aérea	ʃerket ṭayarān (f)	شركة طيران
controlador (m)	marākeb el ḥaraka	مراكب الحركة الجوِية
de tráfego aéreo	el gawiya (m)	

partida (f)	moɣadra (f)	مغادرة
chegada (f)	woṣūl (m)	وصول
chegar (vi)	weṣel	وصل

hora (f) de partida	wa't el moɣadra (m)	وقت المغادرة
hora (f) de chegada	wa't el woṣūl (m)	وقت الوصول

estar atrasado	ta'akχar	تأخّر
atraso (m) de voo	ta'aχor el reḥla (m)	تأخّر الرحلة

painel (m) de informação	lawḥet el ma'lomāt (f)	لوحة المعلومات
informação (f)	este'lamāt (pl)	إستعلامات
anunciar (vt)	a'lan	أعلن

voo (m)	reḥlet ṭayarān (f)	رحلة طيران
alfândega (f)	gamārek (pl)	جمارك
funcionário (m) da alfândega	mowazzaf el gamārek (m)	موظف الجمارك

declaração (f) alfandegária	taṣrīḥ gomroky (m)	تصريح جمركي
preencher (vt)	mala	ملا
preencher a declaração	mala el taṣrīḥ	ملأ التصريح
controle (m) de passaporte	taftīʃ el gawazāt (m)	تفتيش الجوازات

bagagem (f)	el ʃonaṭ (pl)	الشنط
bagagem (f) de mão	ʃonaṭ el yad (pl)	شنط اليد
carrinho (m)	ʿarabet ʃonaṭ (f)	عربة شنط

pouso (m)	hobūṭ (m)	هبوط
pista (f) de pouso	mamarr el hobūṭ (m)	ممرّ الهبوط
aterrissar (vi)	habaṭ	هبط
escada (f) de avião	sellem el ṭayāra (m)	سلّم الطيّارة

check-in (m)	tasgīl (m)	تسجيل
balcão (m) do check-in	makān tasgīl (m)	مكان تسجيل
fazer o check-in	saggel	سجّل
cartão (m) de embarque	beṭāqet el rokūb (f)	بطاقة الركوب
portão (m) de embarque	bawwābet el moɣadra (f)	بوّابة المغادرة

trânsito (m)	tranzīt (m)	ترانزيت
esperar (vi, vt)	estanna	إستنّى
sala (f) de espera	ṣālet el moɣadra (f)	صالة المغادرة
despedir-se (acompanhar)	waddaʿ	ودّع
despedir-se (dizer adeus)	waddaʿ	ودّع

145. Bicicleta. Motocicleta

bicicleta (f)	beskeletta (f)	بيسكلتّة
lambreta (f)	fezba (f)	فزبة
moto (f)	motosekl (m)	موتوسيكل

ir de bicicleta	rāḥ bel beskeletta	راح بالبسكلتّة
guidão (m)	moqawwed (m)	مقوّد
pedal (m)	dawwāsa (f)	دوّاسة
freios (m pl)	farāmel (pl)	فرامل
banco, selim (m)	korsy (m)	كرسي

bomba (f)	ṭolommba (f)	طلمّبة
bagageiro (m) de teto	raff el amteʿa (m)	رفّ الأمتعة
lanterna (f)	el meṣbāḥ el amāmy (m)	المصباح الأمامي
capacete (m)	xawza (f)	خوذة

roda (f)	ʿagala (f)	عجلة
para-choque (m)	refrāf (m)	رفراف
aro (m)	eṭār (m)	إطار
raio (m)	mekbaḥ el ʿagala (m)	مكبح العجلة

Carros

146. Tipos de carros

carro, automóvel (m)	sayāra (f)	سيّارة
carro (m) esportivo	sayāra reyāḍiya (f)	سيّارة رياضيّة
limusine (f)	limozīn (m)	ليموزين
todo o terreno (m)	sayāret ṭoro' wa'ra (f)	سيّارة طرق وعرة
conversível (m)	kabryoleyh (m)	كابريوليه
minibus (m)	mikrobāṣ (m)	ميكروباص
ambulância (f)	es'āf (m)	إسعاف
limpa-neve (m)	garrāfet talg (f)	جرّافة ثلج
caminhão (m)	ʃāḥena (f)	شاحنة
caminhão-tanque (m)	nāqelet betrūl (f)	ناقلة بترول
perua, van (f)	'arabiyet na'l (f)	عربيّة نقل
caminhão-trator (m)	garrār (m)	جرّار
reboque (m)	ma'ṭūra (f)	مقطورة
confortável (adj)	morīḥ	مريح
usado (adj)	mosta'mal	مستعمل

147. Carros. Carroçaria

capô (m)	kabbūt (m)	كبّوت
para-choque (m)	refrāf (m)	رفراف
teto (m)	sa'f (m)	سقف
para-brisa (m)	ezāz amāmy (f)	إزاز أمامي
retrovisor (m)	merāya daxeliya (f)	مراية داخلية
esguicho (m)	monazzef el ezāz el amāmy (m)	منظف الإزاز الأمامي
limpadores (m) de para-brisas	massāḥāt (pl)	مسّاحات
vidro (m) lateral	ʃebbāk gāneby (m)	شبّاك جانبي
elevador (m) do vidro	ezāz kahrabā'y (m)	إزاز كهربائي
antena (f)	hawā'y (m)	هوائي
teto (m) solar	fat-het el sa'f (f)	فتحة السقف
para-choque (m)	ekṣedām (m)	اكصدام
porta-malas (f)	ʃanṭet el 'arabiya (f)	شنطة العربيّة
bagageira (f)	raff sa'f el 'arabiya (m)	رفّ سقف العربيّة
porta (f)	bāb (m)	باب
maçaneta (f)	okret el bāb (f)	اوكرة الباب
fechadura (f)	'efl el bāb (m)	قفل الباب
placa (f)	lawḥet raqam el sayāra (f)	لوحة رقم السيارة

silenciador (m)	kātem lel ṣote (m)	كاتم للصوت
tanque (m) de gasolina	χazzān el banzīn (m)	خزّان البنزين
tubo (m) de exaustão	anbūb el ʿādem (m)	أنبوب العادم
acelerador (m)	ɣāz (m)	غاز
pedal (m)	dawwāsa (f)	دوّاسة
pedal (m) do acelerador	dawwāset el banzīn (f)	دوّاسة البنزين
freio (m)	farāmel (pl)	فرامل
pedal (m) do freio	dawwāset el farāmel (m)	دوّاسة الفرامل
frear (vt)	farmel	فرمل
freio (m) de mão	farāmel el entezār (pl)	فرامل الإنتظار
embreagem (f)	klatʃ (m)	كلتش
pedal (m) da embreagem	dawwāset el klatʃ (f)	دوّاسة الكلتش
disco (m) de embreagem	ʾorṣ el klatʃ (m)	قرص الكلتش
amortecedor (m)	momtaṣṣ lel ṣadamāt (m)	ممتصّ للصدمات
roda (f)	ʿagala (f)	عجلة
pneu (m) estepe	ʿagala eḥteyāṭy (f)	عجلة إحتياطية
pneu (m)	eṭār (m)	إطار
calota (f)	ṭīs (m)	طيس
rodas (f pl) motrizes	ʿagalāt el qeyāda (pl)	عجلات القيادة
de tração dianteira	dafʿ amāmy (m)	دفع أمامي
de tração traseira	dafʿ χalfy (m)	دفع خلفي
de tração às 4 rodas	dafʿ kāmel (m)	دفع كامل
caixa (f) de mudanças	gearboks (m)	جير بوكس
automático (adj)	otomatīky	أوتوماتيكي
mecânico (adj)	mikanīky	ميكانيكي
alavanca (f) de câmbio	meqbaḍ nāqel lel ḥaraka (m)	مقبض ناقل الحركة
farol (m)	el meṣbāḥ el amāmy (m)	المصباح الأمامي
faróis (m pl)	el maṣabīḥ el amamiya (pl)	المصابيح الأمامية
farol (m) baixo	nūr moʿaʃer monχafeḍ (pl)	نور مؤشر منخفض
farol (m) alto	nūr moʿasʃer ʿāly (m)	نور مؤشر عالي
luzes (f pl) de parada	nūr el farāmel (m)	نور الفرامل
luzes (f pl) de posição	lambet el entezār (f)	لمبة الإنتظار
luzes (f pl) de emergência	eʃārāt el taḥzīr (pl)	إشارات التحذير
faróis (m pl) de neblina	kasʃāf el ḍabāb (m)	كشّاف الضباب
pisca-pisca (m)	eʃāret el enʿeṭāf (f)	إشارة الإنعطاف
luz (f) de marcha ré	ḍūʾ el rogūʿ lel χalf (m)	ضوء الرجوع للخلف

148. Carros. Habitáculo

interior (do carro)	ṣalone el sayāra (m)	صالون السيارة
de couro	men el geld	من الجلد
de veludo	men el moχmal	من المخمل
estofamento (m)	tangīd (m)	تنجيد
indicador (m)	gehāz (m)	جهاز
painel (m)	lawḥet ag-heza (f)	لوحة أجهزة

| velocímetro (m) | me'yās sor'a (m) | مقياس سرعة |
| ponteiro (m) | mo'asʃer (m) | مؤشّر |

hodômetro, odômetro (m)	'addād el mesafāt (m)	عدّاد المسافات
indicador (m)	'addād (m)	عدّاد
nível (m)	mostawa (m)	مستوى
luz (f) de aviso	lammbet enzār (f)	لمّبة إنذار

volante (m)	moqawwed (m)	مقوّد
buzina (f)	kalaks (m)	كلاكس
botão (m)	zerr (m)	زرّ
interruptor (m)	nāqel, meftāḥ (m)	ناقل، مفتاح

assento (m)	korsy (m)	كرسي
costas (f pl) do assento	masnad el ḍahr (m)	مسند الظهر
cabeceira (f)	masnad el ra's (m)	مسند الرأس
cinto (m) de segurança	ḥezām el amān (m)	حزام الأمان
apertar o cinto	rabaṭ el ḥezām	ربط الحزام
ajuste (m)	ḍabṭ (m)	ضبط

| airbag (m) | wesāda hawa'iya (f) | وسادة هوائية |
| ar (m) condicionado | takyīf (m) | تكييف |

rádio (m)	radio (m)	راديو
leitor (m) de CD	moʃagɣel sidi (m)	مشغّل سي دي
ligar (vt)	fataḥ, ʃagɣal	فتح، شغّل
antena (f)	hawā'y (m)	هوائي
porta-luvas (m)	dorg (m)	درج
cinzeiro (m)	ṭa'ṭū'a (f)	طقطوقة

149. Carros. Motor

motor (m)	moḥarrek (m)	محرّك
motor (m)	motore (m)	موتور
a diesel	'alal diesel	على الديزل
a gasolina	'alal banzīn	على البنزين

cilindrada (f)	ḥagm el moḥarrek (m)	حجم المحرّك
potência (f)	'owwa (f)	قوّة
cavalo (m) de potência	ḥoṣān (m)	حصان
pistão (m)	mekbas (m)	مكبس
cilindro (m)	esṭewāna (f)	أسطوانة
válvula (f)	ṣamām (m)	صمام

injetor (m)	baxāxa (f)	بخّاخة
gerador (m)	mowalled (m)	مولّد
carburador (m)	karburetor (m)	كاربراتير
óleo (m) de motor	zeyt el moḥarrek (m)	زيت المحرّك

radiador (m)	radiator (m)	رادياتير
líquido (m) de arrefecimento	mobarred (m)	مبرّد
ventilador (m)	marwaḥa (f)	مروحة
bateria (f)	baṭṭariya (f)	بطّاريّة
dispositivo (m) de arranque	meftāḥ el taʃɣīl (m)	مفتاح التشغيل

| ignição (f) | nezām taſɣīl (m) | نظام تشغيل |
| vela (f) de ignição | ſamʿet el ehterāq (f) | شمعة الإحتراق |

terminal (m)	ṭaraf tawṣīl (m)	طرف توصيل
terminal (m) positivo	ṭaraf muwgeb (m)	طرف موجب
terminal (m) negativo	ṭaraf sāleb (m)	طرف سالب
fusível (m)	fetīl (m)	فتيل

filtro (m) de ar	ṣaffāyet el hawā' (f)	صفاية الهواء
filtro (m) de óleo	ṣaffāyet el zeyt (f)	صفاية الزيت
filtro (m) de combustível	ṣaffāyet el banzīn (f)	صفاية البنزين

150. Carros. Batidas. Reparação

acidente (m) de carro	ḥadset sayāra (f)	حادثة سيارة
acidente (m) rodoviário	ḥādes morūry (m)	حادث مروري
bater (~ num muro)	xabaṭ	خبط
sofrer um acidente	daſdaſ	دشدش
dano (m)	xesāra (f)	خسارة
intato	salīm	سليم

| avariar (vi) | taʿaṭṭal | تعطّل |
| cabo (m) de reboque | ḥabl el saḥb | حبل السحب |

furo (m)	soqb (m)	ثقب
estar furado	fasʃ	فش
encher (vt)	nafax	نفخ
pressão (f)	ḍaɣṭ (m)	ضغط
verificar (vt)	extabar	إختبر

reparo (m)	taṣlīḥ (m)	تصليح
oficina (f) automotiva	warʃet taṣlīḥ ʿarabīāt (f)	ورشة تصليح عربيات
peça (f) de reposição	'eṭʿet ɣeyār (f)	قطعة غيار
peça (f)	'eṭʿa (f)	قطعة

parafuso (com porca)	mesmār 'alawoze (m)	مسمار قلاووظ
parafuso (m)	mesmār (m)	مسمار
porca (f)	ṣamūla (f)	صامولة
arruela (f)	warda (f)	وردة
rolamento (m)	maḥmal (m)	محمل

tubo (m)	anbūba (f)	أنبوبة
junta, gaxeta (f)	'azʿa (f)	عزقة
fio, cabo (m)	selk (m)	سلك

macaco (m)	'afrīta (f)	عفريطة
chave (f) de boca	meftāḥ rabṭ (m)	مفتاح ربط
martelo (m)	ʃakūʃ (m)	شاكوش
bomba (f)	ṭolommba (f)	طلمّبة
chave (f) de fenda	mefakk (m)	مفكّ

extintor (m)	ṭaffayet ḥarī' (f)	طفاية حريق
triângulo (m) de emergência	eʃāret taḥzīr (f)	إشارة تحذير
morrer (motor)	etʿaṭṭal	إتعطّل

paragem, "morte" (f)	tawaqqof (m)	توقّف
estar quebrado	kān maksūr	كان مكسور
superaquecer-se (vr)	soχn aktar men el lāzem	سخن أكثر من اللازم
entupir-se (vr)	kān masdūd	كان مسدود
congelar-se (vr)	etgammed	إتجمّد
rebentar (vi)	enqataʻ - ettʼattaʻ	إنقطع
pressão (f)	daγt (m)	ضغط
nível (m)	mostawa (m)	مستوى
frouxo (adj)	daʼīf	ضعيف
batida (f)	taʻga (f)	طعجة
ruído (m)	daʼʼ (m)	دقّ
fissura (f)	ʃaʼʼ (m)	شقّ
arranhão (m)	χadʃ (m)	خدش

151. Carros. Estrada

estrada (f)	tarīʼ (m)	طريق
autoestrada (f)	tarīʼ sareeʻ (m)	طريق سريع
rodovia (f)	otostrad (m)	اوتوستراد
direção (f)	ettegāh (m)	إتجاه
distância (f)	masāfa (f)	مسافة
ponte (f)	kobry (m)	كبري
parque (m) de estacionamento	mawʼef el ʻarabeyāt (m)	موقف العربيات
praça (f)	medān (m)	ميدان
nó (m) rodoviário	taqātoʻ toroʼ (m)	تقاطع طرق
túnel (m)	nafaʼ (m)	نفق
posto (m) de gasolina	mahattet banzīn (f)	محطّة بنزين
parque (m) de estacionamento	mawʼef el ʻarabeyāt (m)	موقف العربيات
bomba (f) de gasolina	madaχet banzīn (f)	مضخّة بنزين
oficina (f) automotiva	warʃet taslīh ʻarabīāt (f)	ورشة تصليح عربيات
abastecer (vt)	mala banzīn	ملى بنزين
combustível (m)	woqūd (m)	وقود
galão (m) de gasolina	ʒerken (m)	جركن
asfalto (m)	asfalt (m)	اسفلت
marcação (f) de estradas	ʻalamāt el tarīʼ (pl)	علامات الطريق
meio-fio (m)	bardora (f)	بردورة
guard-rail (m)	sūr (m)	سور
valeta (f)	terʻa (f)	ترعة
acostamento (m)	haffet el tarīʼ (f)	حافّة الطريق
poste (m) de luz	ʻamūd nūr (m)	عمود نور
dirigir (vt)	sāʼ	ساق
virar (~ para a direita)	hād	حاد
dar retorno	laff fe u-turn	لفّ في يو تيرن
ré (f)	haraka ela al warāʼ (f)	حركة إلى الوراء
buzinar (vi)	zammar	زمّر
buzina (f)	kalaks (m)	كلاكس

atolar-se (vr)	γaraz	غرز
patinar (na lama)	dawwar	دوّر
desligar (vt)	awqaf	أوقف

velocidade (f)	sorʿa (f)	سرعة
exceder a velocidade	ʿadda el sorʿa	عدّى السرعة
multar (vt)	faraḍ γarāma	فرض غرامة
semáforo (m)	eʃārāt el morūr (pl)	إشارات المرور
carteira (f) de motorista	roχṣet el qeyāda (f)	رخصة قيادة

passagem (f) de nível	maʿbar (m)	معبر
cruzamento (m)	taqāṭoʿ (m)	تقاطع
faixa (f)	maʿbar (m)	معبر
curva (f)	monʿaṭaf (m)	منعطف
zona (f) de pedestres	manteʾa lel moʃāh (f)	منطقة للمشاة

PESSOAS. EVENTOS

Eventos

152. Férias. Evento

festa (f)	ʿīd (m)	عيد
feriado (m) nacional	ʿīd waṭany (m)	عيد وطني
feriado (m)	agāza rasmiya (f)	أجازة رسميّة
festejar (vt)	eḥtafal be zekra	إحتفل بذكرى
evento (festa, etc.)	ḥadass (m)	حدث
evento (banquete, etc.)	monasba (f)	مناسبة
banquete (m)	walīma (f)	وليمة
recepção (f)	ḥaflet esteʾbāl (f)	حفلة إستقبال
festim (m)	walīma (f)	وليمة
aniversário (m)	zekra sanawiya (f)	ذكرى سنوية
jubileu (m)	yobeyl (m)	يوبيل
celebrar (vt)	eḥtafal	إحتفل
Ano (m) Novo	raʾs el sanna (m)	رأس السنة
Feliz Ano Novo!	koll sana wenta ṭayeb!	إكلّ سنة وأنت طيّب
Papai Noel (m)	baba neweyl (m)	بابا نويل
Natal (m)	ʿīd el melād (m)	عيد الميلاد
Feliz Natal!	ʿīd melād saʿīd!	إعيد ميلاد سعيد
árvore (f) de Natal	ʃagaret el kresmas (f)	شجرة الكريسمس
fogos (m pl) de artifício	alʿāb nāriya (pl)	ألعاب نارية
casamento (m)	faraḥ (m)	فرح
noivo (m)	ʿarīs (m)	عريس
noiva (f)	ʿarūsa (f)	عروسة
convidar (vt)	ʿazam	عزم
convite (m)	beṭāʾet daʿwa (f)	بطاقة دعوة
convidado (m)	ḍeyf (m)	ضيف
visitar (vt)	zār	زار
receber os convidados	estaʾbal ḍoyūf	إستقبل ضيوف
presente (m)	hediya (f)	هديّة
oferecer, dar (vt)	edda	إدّى
receber presentes	estalam hadāya	إستلم هدايا
buquê (m) de flores	bokeyh (f)	بوكيه
felicitações (f pl)	tahneʾa (f)	تهنئة
felicitar (vt)	hanna	هنّأ
cartão (m) de parabéns	beṭāʾet tahneʾa (f)	بطاقة تهنئة

enviar um cartão postal	ba'at beṭā'et tahne'a	بعت بطاقة تهنئة
receber um cartão postal	estalam beṭā'a tahne'a	استلم بطاقة تهنئة
brinde (m)	naχab (m)	نخب
oferecer (vt)	ḍayaf	ضيف
champanhe (m)	ʃambania (f)	شمبانيا
divertir-se (vr)	estamta'	إستمتع
diversão (f)	bahga (f)	بهجة
alegria (f)	sa'āda (f)	سعادة
dança (f)	ra'ṣa (f)	رقصة
dançar (vi)	ra'aṣ	رقص
valsa (f)	valles (m)	فالس
tango (m)	tango (m)	تانجو

153. Funerais. Enterro

cemitério (m)	maqbara (f)	مقبرة
sepultura (f), túmulo (m)	'abr (m)	قبر
cruz (f)	ṣalīb (m)	صليب
lápide (f)	ḥagar el ma''bara (m)	حجر المقبرة
cerca (f)	sūr (m)	سور
capela (f)	kenīsa ṣaɣīra (f)	كنيسة صغيرة
morte (f)	mote (m)	موت
morrer (vi)	māt	مات
defunto (m)	el motawaffy (m)	المتوَفّي
luto (m)	ḥedād (m)	حداد
enterrar, sepultar (vt)	dafan	دفن
funerária (f)	maktab mota'ahhed el dafn (m)	مكتب متعهّد الدفن
funeral (m)	ganāza (f)	جنازة
coroa (f) de flores	eklīl (m)	إكليل
caixão (m)	tabūt (m)	تابوت
carro (m) funerário	na'ʃ (m)	نعش
mortalha (f)	kafan (m)	كفن
procissão (f) funerária	ganāza (f)	جنازة
urna (f) funerária	garra gana'eziya (f)	جرّة جنائزية
crematório (m)	maḥra'et gosas el mawta (f)	محرقة جثث الموتى
obituário (m), necrologia (f)	segel el wafīāt (m)	سجل الوفيات
chorar (vi)	baka	بكى
soluçar (vi)	nawwaḥ	نوّح

154. Guerra. Soldados

pelotão (m)	faṣīla (f)	فصيلة
companhia (f)	serriya (f)	سريّة

regimento (m)	foge (m)	فوج
exército (m)	geyʃ (m)	جيش
divisão (f)	fer'a (f)	فرقة
esquadrão (m)	weḥda (f)	وحدة
hoste (f)	geyʃ (m)	جيش
soldado (m)	gondy (m)	جنّدي
oficial (m)	ḍābeṭ (m)	ضابط
soldado (m) raso	gondy (m)	جنّدي
sargento (m)	raqīb tāny (m)	رقيب تاني
tenente (m)	molāzem tāny (m)	ملازم تاني
capitão (m)	naqīb (m)	نقيب
major (m)	rā'ed (m)	رائد
coronel (m)	ʿaqīd (m)	عقيد
general (m)	ʒenerāl (m)	جنرال
marujo (m)	baḥḥār (m)	بحّار
capitão (m)	'obṭān (m)	قبطان
contramestre (m)	rabbān (m)	ربّان
artilheiro (m)	gondy fe selāḥ el madfaʿiya (m)	جنّدي في سلاح المدفعيّة
soldado (m) paraquedista	selāḥ el maẓallāt (m)	سلاح المظلّات
piloto (m)	ṭayār (m)	طيّار
navegador (m)	mallāḥ (m)	ملّاح
mecânico (m)	mikanīky (m)	ميكانيكي
sapador-mineiro (m)	mohandes ʿaskary (m)	مهندس عسكري
paraquedista (m)	gondy el baraʃot (m)	جنّدي الباراشوت
explorador (m)	kaʃāfet el esteṭlāʿ (f)	كشافة الإستطلاع
atirador (m) de tocaia	qannāṣ (m)	قنّاص
patrulha (f)	dawriya (f)	دوريّة
patrulhar (vt)	'ām be dawriya	قام بدوريّة
sentinela (f)	ḥāres (m)	حارس
guerreiro (m)	muḥāreb (m)	محارب
patriota (m)	waṭany (m)	وطني
herói (m)	baṭal (m)	بطل
heroína (f)	baṭala (f)	بطلة
traidor (m)	χāyen (m)	خاين
trair (vt)	χān	خان
desertor (m)	hāreb men el gondiya (m)	هارب من الجنديّة
desertar (vt)	farr men el geyʃ	فرّ من الجيش
mercenário (m)	ma'gūr (m)	مأجور
recruta (m)	gondy gedīd (m)	جنّدي جديد
voluntário (m)	motaṭawweʿ (m)	متطوّع
morto (m)	'atīl (m)	قتيل
ferido (m)	garīḥ (m)	جريح
prisioneiro (m) de guerra	asīr ḥarb (m)	أسير حرب

155. Guerra. Ações militares. Parte 1

guerra (f)	ḥarb (f)	حرب
guerrear (vt)	ḥārab	حارب
guerra (f) civil	ḥarb ahliya (f)	حرب أهليّة
perfidamente	ɣadran	غدراً
declaração (f) de guerra	eʻlān ḥarb (m)	إعلان حرب
declarar guerra	aʻlan	أعلن
agressão (f)	ʻedwān (m)	عدوان
atacar (vt)	hagam	هجم
invadir (vt)	eḥtall	إحتلّ
invasor (m)	moḥtell (m)	محتلّ
conquistador (m)	fāteḥ (m)	فاتح
defesa (f)	defāʻ (m)	دفاع
defender (vt)	dāfaʻ	دافع
defender-se (vr)	dāfaʻ ʻan ...	... دافع عن
inimigo (m)	ʻadeww (m)	عدوّ
adversário (m)	xeṣm (m)	خصم
inimigo (adj)	ʻadeww	عدوّ
estratégia (f)	estrateʒiya (f)	إستراتيجيّة
tática (f)	taktīk (m)	تكتيك
ordem (f)	amr (m)	أمر
comando (m)	amr (m)	أمر
ordenar (vt)	amar	أمر
missão (f)	mohemma (f)	مهمّة
secreto (adj)	serry	سرّي
batalha (f)	maʻraka (f)	معركة
combate (m)	ʼetāl (m)	قتال
ataque (m)	hogūm (m)	هجوم
assalto (m)	enqeḍāḍ (m)	إنقضاض
assaltar (vt)	enqaḍḍ	إنقضّ
assédio, sítio (m)	ḥeṣār (m)	حصار
ofensiva (f)	hogūm (m)	هجوم
tomar à ofensiva	hagam	هجم
retirada (f)	enseḥāb (m)	إنسحاب
retirar-se (vr)	ensaḥab	إنسحب
cerco (m)	eḥāṭa (f)	إحاطة
cercar (vt)	aḥāṭ	أحاط
bombardeio (m)	ʼaṣf (m)	قصف
lançar uma bomba	asqaṭ qonbola	أسقط قنبلة
bombardear (vt)	ʼaṣaf	قصف
explosão (f)	enfegār (m)	إنفجار
tiro (m)	ṭalʼa (f)	طلقة

| dar um tiro | aṭlaq el nār | أطلق النار |
| tiroteio (m) | eṭlāq nār (m) | إطلاق نار |

apontar para …	ṣawwab ʿala …	... صوّب على
apontar (vt)	ṣawwab	صوّب
acertar (vt)	aṣāb el hadaf	أصاب الهدف

afundar (~ um navio, etc.)	aɣra'	أغرق
brecha (f)	soqb (m)	ثقب
afundar-se (vr)	ɣere'	غرق

frente (m)	gabha (f)	جبهة
evacuação (f)	eχlā' (m)	إخلاء
evacuar (vt)	aχla	أخلى

trincheira (f)	χondoq (m)	خندق
arame (m) enfarpado	aslāk ʃā'eka (pl)	أسلاك شائكة
barreira (f) anti-tanque	ḥāgez (m)	حاجز
torre (f) de vigia	borg mora'ba (m)	برج مراقبة

hospital (m) militar	mostaʃfa ʿaskary (m)	مستشفى عسكري
ferir (vt)	garaḥ	جرح
ferida (f)	garḥ (m)	جرح
ferido (m)	garīḥ (m)	جريح
ficar ferido	oṣīb bel garḥ	أصيب بالجرح
grave (ferida ~)	χaṭīr	خطير

156. Armas

arma (f)	asleḥa (pl)	أسلحة
arma (f) de fogo	asleḥa nāriya (pl)	أسلحة ناريّة
arma (f) branca	asleḥa bayḍā' (pl)	أسلحة بيضاء

arma (f) química	asleḥa kemawiya (pl)	أسلحة كيماويّة
nuclear (adj)	nawawy	نووي
arma (f) nuclear	asleḥa nawawiya (pl)	أسلحة نوويّة

| bomba (f) | qonbela (f) | قنبلة |
| bomba (f) atômica | qonbela nawawiya (f) | قنبلة نوويّة |

pistola (f)	mosaddas (m)	مسدّس
rifle (m)	bondoqiya (f)	بندقيّة
semi-automática (f)	mosaddas rasʃāʃ (m)	مسدّس رشّاش
metralhadora (f)	rasʃāʃ (m)	رشّاش

boca (f)	fawha (f)	فوهة
cano (m)	anbūba (f)	أنبوبة
calibre (m)	ʿeyār (m)	عيار

gatilho (m)	zanād (m)	زناد
mira (f)	moṣawweb (m)	مصوّب
carregador (m)	maχzan (m)	مخزن
coronha (f)	ʿaqab el bondo'iya (m)	عقب البندقيّة
granada (f) de mão	qonbela yadawiya (f)	قنبلة يدويّة

explosivo (m)	mawād motafaggera (pl)	مواد متفجّرة
bala (f)	roșāșa (f)	رصاصة
cartucho (m)	ҳarțūʃa (f)	خرطوشة
carga (f)	ḥaʃwa (f)	حشوة
munições (f pl)	zaҳīra (f)	ذخيرة
bombardeiro (m)	qazefet qanābel (f)	قاذفة قنابل
avião (m) de caça	țayāra muqātela (f)	طيّارة مقاتلة
helicóptero (m)	heliokobter (m)	هليكوبتر
canhão (m) antiaéreo	madfaʿ moḍād lel ța'erāț (m)	مدفع مضاد للطائرات
tanque (m)	dabbāba (f)	دبّابة
canhão (de um tanque)	madfaʿ el dabbāba (m)	مدفع الدبّابة
artilharia (f)	madfaʿiya (f)	مدفعيّة
canhão (m)	madfaʿ (m)	مدفع
fazer a pontaria	șawwab	صوّب
projétil (m)	qazīfa (f)	قذيفة
granada (f) de morteiro	qonbela hawn (f)	قنبلة هاون
morteiro (m)	hawn (m)	هاون
estilhaço (m)	ʃazya (f)	شظية
submarino (m)	ɣawwāșa (f)	غوّاصة
torpedo (m)	țorbīd (m)	طوربيد
míssil (m)	șarūҳ (m)	صاروخ
carregar (uma arma)	ʿammar	عمّر
disparar, atirar (vi)	ḍarab bel nār	ضرب بالنار
apontar para ...	șawwab ʿala ...	صوّب على ...
baioneta (f)	ḥerba (f)	حربة
espada (f)	seyf zu ḥaddeyn (m)	سيف ذو حدّين
sabre (m)	seyf monḥany (m)	سيف منحني
lança (f)	remḥ (m)	رمح
arco (m)	qose (m)	قوس
flecha (f)	sahm (m)	سهم
mosquete (m)	musket (m)	مسكيت
besta (f)	qose mostaʿraḍ (m)	قوس مستعرض

157. Povos da antiguidade

primitivo (adj)	bedā'y	بدائي
pré-histórico (adj)	ma qabl el tarīҳ	ما قبل التاريخ
antigo (adj)	'adīm	قديم
Idade (f) da Pedra	el ʿașr el ḥagary (m)	العصر الحجري
Idade (f) do Bronze	el ʿașr el bronzy (m)	العصر البرونزي
Era (f) do Gelo	el ʿașr el galīdy (m)	العصر الجليدي
tribo (f)	qabīla (f)	قبيلة
canibal (m)	'ākel loḥūm el baʃar (m)	آكل لحوم البشر
caçador (m)	șayād (m)	صيّاد
caçar (vi)	eșțād	إصطاد

mamute (m)	mamūθ (m)	ماموث
caverna (f)	kahf (m)	كهف
fogo (m)	nār (f)	نار
fogueira (f)	nār moχayem (m)	نار مخيّم
pintura (f) rupestre	rasm fel kahf (m)	رسم في الكهف

ferramenta (f)	adah (f)	أداة
lança (f)	remḥ (m)	رمح
machado (m) de pedra	fa's ḥagary (m)	فأس حجري
guerrear (vt)	ḥārab	حارب
domesticar (vt)	esta'nas	استئنس

ídolo (m)	ṣanam (m)	صنم
adorar, venerar (vt)	'abad	عبد
superstição (f)	χorāfa (f)	خرافة
ritual (m)	mansak (m)	منسك

evolução (f)	taṭṭawwor (m)	تطوّر
desenvolvimento (m)	nomoww (m)	نموّ
extinção (f)	enqerāḍ (m)	إنقراض
adaptar-se (vr)	takayaf (ma')	(تكيّف (مع

arqueologia (f)	'elm el 'āsār (m)	علم الآثار
arqueólogo (m)	'ālem āsār (m)	عالم آثار
arqueológico (adj)	asary	أثري

escavação (sítio)	mawqe' ḥafr (m)	موقع حفر
escavações (f pl)	tanqīb (m)	تنقيب
achado (m)	ekteʃāf (m)	إكتشاف
fragmento (m)	'eṭ'a (f)	قطعة

158. Idade média

povo (m)	ʃa'b (m)	شعب
povos (m pl)	ʃo'ūb (pl)	شعوب
tribo (f)	qabīla (f)	قبيلة
tribos (f pl)	qabā'el (pl)	قبائل

bárbaros (pl)	el barabra (pl)	البرابرة
galeses (pl)	el ɣaliyūn (pl)	الغاليُون
godos (pl)	el qūṭiyūn (pl)	القوطيون
eslavos (pl)	el selāf (pl)	السلاف
viquingues (pl)	el viking (pl)	الفايكينج

romanos (pl)	el romān (pl)	الرومان
romano (adj)	romāny	روماني

bizantinos (pl)	bizanṭiyūn (pl)	بيزنطيون
Bizâncio	bīzanṭa (f)	بيزنطة
bizantino (adj)	bīzanṭy	بيزنطي

imperador (m)	embraṭore (m)	إمبراطور
líder (m)	za'īm (m)	زعيم
poderoso (adj)	gabbār	جبّار

| rei (m) | malek (m) | ملك |
| governante (m) | ḥākem (m) | حاكم |

cavaleiro (m)	fāres (m)	فارس
senhor feudal (m)	eqṭā'y (m)	إقطاعي
feudal (adj)	eqṭā'y	إقطاعي
vassalo (m)	ḥākem tābe' (m)	حاكم تابع

duque (m)	dū' (m)	دوق
conde (m)	earl (m)	ايرل
barão (m)	barūn (m)	بارون
bispo (m)	asqof (m)	أسقف

armadura (f)	der' (m)	درع
escudo (m)	der' (m)	درع
espada (f)	seyf (m)	سيف
viseira (f)	ḥaffa amamiya lel χoza (f)	حافة أماميّة للخوذة
cota (f) de malha	der' el zard (m)	درع الزرد

| cruzada (f) | ḥamla ṣalībiya (f) | حملة صليبيّة |
| cruzado (m) | ṣalīby (m) | صليبي |

| território (m) | arḍ (f) | أرض |
| atacar (vt) | hagam | هجم |

| conquistar (vt) | fataḥ | فتح |
| ocupar, invadir (vt) | eḥtall | إحتلّ |

assédio, sítio (m)	ḥeṣār (m)	حصار
sitiado (adj)	moḥāṣar	محاصر
assediar, sitiar (vt)	ḥāṣar	حاصر

inquisição (f)	maḥākem el taftīʃ (pl)	محاكم التفتيش
inquisidor (m)	mofatteʃ (m)	مفتّش
tortura (f)	ta'zīb (m)	تعذيب
cruel (adj)	waḥʃy	وحشي

| herege (m) | moharṭeq (m) | مهرطق |
| heresia (f) | harṭa'a (f) | هرطقة |

navegação (f) marítima	el safar bel baḥr (m)	السفر بالبحر
pirata (m)	'orṣān (m)	قرصان
pirataria (f)	'arṣana (f)	قرصنة
abordagem (f)	mohagmet safina (f)	مهاجمة سفينة

| presa (f), butim (m) | ɣanīma (f) | غنيمة |
| tesouros (m pl) | konūz (pl) | كنوز |

descobrimento (m)	ekteʃāf (m)	إكتشاف
descobrir (novas terras)	ektaʃaf	إكتشف
expedição (f)	be'sa (f)	بعثة

mosqueteiro (m)	fāres (m)	فارس
cardeal (m)	kardinal (m)	كاردينال
heráldica (f)	ʃe'ārāt el nabāla (pl)	شعارات النبالة
heráldico (adj)	χāṣṣ be ʃe'arāt el nebāla	خاصّ بشعارات النبالة

159. Líder. Chefe. Autoridades

rei (m)	malek (m)	ملك
rainha (f)	maleka (f)	ملكة
real (adj)	malaky	ملكي
reino (m)	mamlaka (f)	مملكة
príncipe (m)	amīr (m)	أمير
princesa (f)	amīra (f)	أميرة
presidente (m)	raʼīs (m)	رئيس
vice-presidente (m)	nā'eb el raʼīs (m)	نائب الرئيس
senador (m)	ʻoḍw magles el ʃoyūχ (m)	عضو مجلس الشيوخ
monarca (m)	ʻāhel (m)	عاهل
governante (m)	ḥākem (m)	حاكم
ditador (m)	dektatore (m)	ديكتاتور
tirano (m)	ṭāɣeya (f)	طاغية
magnata (m)	ra'smāly kebīr (m)	رأسمالي كبير
diretor (m)	modīr (m)	مدير
chefe (m)	raʼīs (m)	رئيس
gerente (m)	modīr (m)	مدير
patrão (m)	raʼīs (m)	رئيس
dono (m)	ṣāḥeb (m)	صاحب
líder (m)	zaʼīm (m)	زعيم
chefe (m)	raʼīs (m)	رئيس
autoridades (f pl)	solṭāt (pl)	سلطات
superiores (m pl)	ro'asā' (pl)	رؤساء
governador (m)	muḥāfeẓ (m)	محافظ
cônsul (m)	qonṣol (m)	قنصل
diplomata (m)	deblomāsy (m)	دبلوماسي
Presidente (m) da Câmara	raʼīs el baladiya (m)	رئيس البلدية
xerife (m)	ʃerīf (m)	شريف
imperador (m)	embraṭore (m)	إمبراطور
czar (m)	qayṣar (m)	قيصر
faraó (m)	ferʻone (m)	فرعون
cã, khan (m)	χān (m)	خان

160. Violação da lei. Criminosos. Parte 1

bandido (m)	qāṭeʻ ṭarīʼ (m)	قاطع طريق
crime (m)	garīma (f)	جريمة
criminoso (m)	mogrem (m)	مجرم
ladrão (m)	sāreʼ (m)	سارق
roubar (vt)	saraʼ	سرق
furto, roubo (m)	serʼa (f)	سرقة
raptar, sequestrar (vt)	χaṭaf	خطف
sequestro (m)	χaṭf (m)	خطف

sequestrador (m)	xāṭef (m)	خاطف
resgate (m)	fedya (f)	فدية
pedir resgate	ṭalab fedya	طلب فدية

roubar (vt)	nahab	نهب
assalto, roubo (m)	nahb (m)	نهب
assaltante (m)	nahhāb (m)	نهّاب

extorquir (vt)	balṭag	بلطج
extorsionário (m)	balṭagy (m)	بلطجي
extorsão (f)	balṭaga (f)	بلطجة

matar, assassinar (vt)	'atal	قتل
homicídio (m)	'atl (m)	قتل
homicida, assassino (m)	qātel (m)	قاتل

tiro (m)	ṭal'et nār (f)	طلقة نار
dar um tiro	aṭlaq el nār	أطلق النار
matar a tiro	'atal bel roṣāṣ	قتل بالرصاص
disparar, atirar (vi)	ḍarab bel nār	ضرب بالنار
tiroteio (m)	ḍarb nār (m)	ضرب نار
incidente (m)	ḥādes (m)	حادث
briga (~ de rua)	xenā'a (f)	خناقة
Socorro!	sā'idni	ساعدني!
vítima (f)	ḍaḥiya (f)	ضحيّة

danificar (vt)	xarrab	خرّب
dano (m)	xesāra (f)	خسارة
cadáver (m)	gossa (f)	جثّة
grave (adj)	xaṭīra	خطيرة

atacar (vt)	hagam	هجم
bater (espancar)	ḍarab	ضرب
espancar (vt)	ḍarab	ضرب
tirar, roubar (dinheiro)	salab	سلب
esfaquear (vt)	ṭa'an ḥatta el mote	طعن حتّى الموت
mutilar (vt)	ʃawwah	شوّه
ferir (vt)	garaḥ	جرح

chantagem (f)	ebtezāz (m)	إبتزاز
chantagear (vt)	ebtazz	إبتزّ
chantagista (m)	mobtazz (m)	مبتزّ

extorsão (f)	balṭaga (f)	بلطجة
extorsionário (m)	mobtazz (m)	مبتزّ
gângster (m)	ragol 'eṣāba (m)	رجل عصابة
máfia (f)	mafia (f)	مافيا

punguista (m)	nasʃāl (m)	نشّال
assaltante, ladrão (m)	leṣṣ beyūt (m)	لص بيوت
contrabando (m)	tahrīb (m)	تهريب
contrabandista (m)	moharreb (m)	مهرّب

falsificação (f)	tazwīr (m)	تزوير
falsificar (vt)	zawwar	زوّر
falsificado (adj)	mozawwara	مزوّرة

161. Violação da lei. Criminosos. Parte 2

estupro (m)	eɣteṣāb (m)	إغتصاب
estuprar (vt)	eɣtaṣab	إغتصب
estuprador (m)	moɣtaṣeb (m)	مغتصب
maníaco (m)	mahwūs (m)	مهووس
prostituta (f)	mommos (f)	مومَس
prostituição (f)	daʿāra (f)	دعارة
cafetão (m)	qawwād (m)	قوّاد
drogado (m)	modmen moχaddarāt (m)	مدمن مخدّرات
traficante (m)	tāger moχaddarāt (m)	تاجر مخدّرات
explodir (vt)	faggar	فجَر
explosão (f)	enfegār (m)	إنفجار
incendiar (vt)	aʃʿal el nār	أشعل النار
incendiário (m)	moʃʿel ḥarīq ʿan ʿamd (m)	مشعل حريق عن عمد
terrorismo (m)	erhāb (m)	إرهاب
terrorista (m)	erhāby (m)	إرهابي
refém (m)	rahīna (m)	رهينة
enganar (vt)	eḥtāl	إحتال
engano (m)	eḥteyāl (m)	إحتيال
vigarista (m)	moḥtāl (m)	محتال
subornar (vt)	raʃa	رشا
suborno (atividade)	erteʃāʾ (m)	إرتشاء
suborno (dinheiro)	raʃwa (f)	رشوة
veneno (m)	semm (m)	سمّ
envenenar (vt)	sammem	سمّم
envenenar-se (vr)	sammem nafsoh	سمّم نفسه
suicídio (m)	enteḥār (m)	إنتحار
suicida (m)	montaḥer (m)	منتحر
ameaçar (vt)	hadded	هدّد
ameaça (f)	tahdīd (m)	تهديد
atentar contra a vida de …	ḥāwel eɣteyāl	حاول إغتيال
atentado (m)	mohawlet eɣteyāl (f)	محاولة إغتيال
roubar (um carro)	saraʾ	سرق
sequestrar (um avião)	eχtaṭaf	إختطف
vingança (f)	enteqām (m)	إنتقام
vingar (vt)	entaqam	إنتقم
torturar (vt)	ʿazzeb	عذَب
tortura (f)	taʿzīb (m)	تعذيب
atormentar (vt)	ʿazzeb	عذَب
pirata (m)	ʾorṣān (m)	قرصان
desordeiro (m)	wabaʃ (m)	وبش

armado (adj)	mosallaḥ	مسلّح
violência (f)	ʿonf (m)	عنف
ilegal (adj)	meʃ qanūniy	مش قانونيّ
espionagem (f)	tagassas (m)	تجسّس
espionar (vi)	tagassas	تجسّس

162. Polícia. Lei. Parte 1

justiça (sistema de ~)	qaḍā' (m)	قضاء
tribunal (m)	maḥkama (f)	محكمة
juiz (m)	qāḍy (m)	قاضي
jurados (m pl)	moḥallafin (pl)	محلّفين
tribunal (m) do júri	qaḍā' el muḥallafin (m)	قضاء المحلّفين
julgar (vt)	ḥakam	حكم
advogado (m)	muḥāmy (m)	محامي
réu (m)	moddaʿy ʿaleyh (m)	مدّعي عليه
banco (m) dos réus	'afaṣ el ettehām (m)	قفص الإتّهام
acusação (f)	ettehām (m)	إتّهام
acusado (m)	mottaham (m)	متّهم
sentença (f)	ḥokm (m)	حكم
sentenciar (vt)	ḥakam	حكم
culpado (m)	gāny (m)	جاني
punir (vt)	ʿāqab	عاقب
punição (f)	ʿeqāb (m)	عقاب
multa (f)	ɣarāma (f)	غرامة
prisão (f) perpétua	segn mada el ḥayah (m)	سجن مدى الحياة
pena (f) de morte	ʿoqūbet 'eʿdām (f)	عقوبة إعدام
cadeira (f) elétrica	el korsy el kaharabā'y (m)	الكرسي الكهربائي
forca (f)	maʃna'a (f)	مشنقة
executar (vt)	aʿdam	أعدم
execução (f)	eʿdām (m)	إعدام
prisão (f)	segn (m)	سجن
cela (f) de prisão	zenzāna (f)	زنزانة
escolta (f)	ḥerāsa (f)	حراسة
guarda (m) prisional	ḥāres segn (m)	حارس سجن
preso, prisioneiro (m)	sagīn (m)	سجين
algemas (f pl)	kalabʃāt (pl)	كلابشات
algemar (vt)	kalbeʃ	كلبش
fuga, evasão (f)	horūb men el segn (m)	هروب من السجن
fugir (vi)	hereb	هرب
desaparecer (vi)	extafa	إختفى
soltar, libertar (vt)	axla sabīl	أخلى سبيل

anistia (f)	'afw 'ām (m)	عفو عام
polícia (instituição)	ʃorṭa (f)	شرطة
polícia (m)	ʃorṭy (m)	شرطي
delegacia (f) de polícia	qesm ʃorṭa (m)	قسم شرطة
cassetete (m)	'aṣāya maṭṭāṭiya (f)	عصاية مطّاطية
megafone (m)	bū' (m)	بوق
carro (m) de patrulha	'arabiyet dawrīāt (f)	عربيّة دوريات
sirene (f)	sarīna (f)	سرينة
ligar a sirene	walla' el sarīna	ولّع السرينة
toque (m) da sirene	ṣote sarīna (m)	صوت سرينة
cena (f) do crime	masraḥ el garīma (m)	مسرح الجريمة
testemunha (f)	ʃāhed (m)	شاهد
liberdade (f)	ḥorriya (f)	حرّية
cúmplice (m)	ʃerīk fel garīma (m)	شريك في الجريمة
escapar (vi)	hereb	هرب
traço (não deixar ~s)	asar (m)	أثر

163. Polícia. Lei. Parte 2

procura (f)	baḥs (m)	بحث
procurar (vt)	dawwar 'ala	دوّر على
suspeita (f)	ʃobha (f)	شبهة
suspeito (adj)	maʃbūh	مشبوه
parar (veículo, etc.)	awqaf	أوقف
deter (fazer parar)	e'taqal	إعتقل
caso (~ criminal)	'aḍiya (f)	قضيّة
investigação (f)	taḥṭ (m)	تحقيق
detetive (m)	mohaqqeq (m)	محقّق
investigador (m)	mofatteʃ (m)	مفتّش
versão (f)	rewāya (f)	رواية
motivo (m)	dāfe' (m)	دافع
interrogatório (m)	estegwāb (m)	إستجواب
interrogar (vt)	estagweb	إستجوب
questionar (vt)	estanṭa'	إستنطق
verificação (f)	faḥṣ (m)	فحص
batida (f) policial	gam' (m)	جمع
busca (f)	taftīʃ (m)	تفتيش
perseguição (f)	moṭarda (f)	مطاردة
perseguir (vt)	ṭārad	طارد
seguir, rastrear (vt)	tatabba'	تتبّع
prisão (f)	e'teqāl (m)	إعتقال
prender (vt)	e'taqal	اعتقل
pegar, capturar (vt)	'abaḍ 'ala	قبض على
captura (f)	'abḍ (m)	قبض
documento (m)	wasīqa (f)	وثيقة
prova (f)	dalīl (m)	دليل
provar (vt)	asbat	أثبت

pegada (f)	baṣma (f)	بصمة
impressões (f pl) digitais	baṣamāt el aṣābe' (pl)	بصمات الأصابع
prova (f)	'eṭ'a men el adella (f)	قطعة من الأدلة

álibi (m)	ḥegget ɣeyāb (f)	حجّة غياب
inocente (adj)	barī'	بريء
injustiça (f)	ẓolm (m)	ظلم
injusto (adj)	meʃ 'ādel	مش عادل

criminal (adj)	mogrem	مجرم
confiscar (vt)	ṣādar	صادر
droga (f)	moχaddarāt (pl)	مخدّرات
arma (f)	selāḥ (m)	سلاح
desarmar (vt)	garrad men el selāḥ	جرّد من السلاح
ordenar (vt)	amar	أمر
desaparecer (vi)	eχtafa	إختفى

lei (f)	qanūn (m)	قانون
legal (adj)	qanūny	قانوني
ilegal (adj)	meʃ qanūny	مش قانوني

| responsabilidade (f) | mas'oliya (f) | مسؤوليّة |
| responsável (adj) | mas'ūl (m) | مسؤول |

NATUREZA

A Terra. Parte 1

164. Espaço sideral

espaço, cosmo (m)	faḍā' (m)	فضاء
espacial, cósmico (adj)	faḍā'y	فضائي
espaço (m) cósmico	el faḍā' el ҳāregy (m)	الفضاء الخارجي
mundo (m)	'ālam (m)	عالم
universo (m)	el kōn (m)	الكون
galáxia (f)	el magarra (f)	المجرة
estrela (f)	negm (m)	نجم
constelação (f)	borg (m)	برج
planeta (m)	kawwkab (m)	كوكب
satélite (m)	'amar ṣenā'y (m)	قمر صناعي
meteorito (m)	nayzek (m)	نيزك
cometa (m)	mozannab (m)	مذنّب
asteroide (m)	kowaykeb (m)	كويكب
órbita (f)	madār (m)	مدار
girar (vi)	dār	دار
atmosfera (f)	el ɣelāf el gawwy (m)	الغلاف الجوّي
Sol (m)	el ʃams (f)	الشمس
Sistema (m) Solar	el magmū'a el ʃamsiya (f)	المجموعة الشمسيّة
eclipse (m) solar	kosūf el ʃams (m)	كسوف الشمس
Terra (f)	el arḍ (f)	الأرض
Lua (f)	el 'amar (m)	القمر
Marte (m)	el marrīҳ (m)	المّريخ
Vênus (f)	el zahra (f)	الزهرة
Júpiter (m)	el moʃtary (m)	المشتري
Saturno (m)	zoḥḥol (m)	زحل
Mercúrio (m)	'aṭāred (m)	عطارد
Urano (m)	uranus (m)	اورانوس
Netuno (m)	nibtūn (m)	نبتون
Plutão (m)	bluto (m)	بلوتو
Via Láctea (f)	darb el tebbāna (m)	درب التّبانة
Ursa Maior (f)	el dobb el akbar (m)	الدب الأكبر
Estrela Polar (f)	negm el 'oṭb (m)	نجم القطب
marciano (m)	sāken el marrīҳ (m)	ساكن المّريخ
extraterrestre (m)	faḍā'y (m)	فضائي

alienígena (m)	kā'en faḍā'y (m)	كائن فضائي
disco (m) voador	ṭaba' ṭā'er (m)	طبق طائر
espaçonave (f)	markaba faḍa'iya (f)	مركبة فضائية
estação (f) orbital	maḥaṭṭet faḍā' (f)	محطة فضاء
lançamento (m)	enṭelāq (m)	إنطلاق
motor (m)	motore (m)	موتور
bocal (m)	manfaθ (m)	منفث
combustível (m)	woqūd (m)	وقود
cabine (f)	kabīna (f)	كابينة
antena (f)	hawā'y (m)	هوائي
vigia (f)	kowwa mostadīra (f)	كوّة مستديرة
bateria (f) solar	lawḥa ʃamsiya (f)	لوحة شمسيّة
traje (m) espacial	badlet el faḍā' (f)	بدّلة الفضاء
imponderabilidade (f)	en'edām wazn (m)	إنعدام الوزن
oxigênio (m)	oksiʒīn (m)	أوكسجين
acoplagem (f)	rasw (m)	رسو
fazer uma acoplagem	rasa	رسى
observatório (m)	marṣad (m)	مرصد
telescópio (m)	teleskop (m)	تلسكوب
observar (vt)	rāqab	راقب
explorar (vt)	estakʃef	إستكشف

165. A Terra

Terra (f)	el arḍ (f)	الأرض
globo terrestre (Terra)	el kora el arḍiya (f)	الكرة الأرضيّة
planeta (m)	kawwkab (m)	كوْكب
atmosfera (f)	el ɣelāf el gawwy (m)	الغلاف الجوّي
geografia (f)	goɣrafia (f)	جغرافيا
natureza (f)	ṭabee'a (f)	طبيعة
globo (mapa esférico)	namūzag lel kora el arḍiya (m)	نموذج للكرة الأرضيّة
mapa (m)	ҳarīṭa (f)	خريطة
atlas (m)	aṭlas (m)	أطلس
Europa (f)	orobba (f)	أوروبّا
Ásia (f)	asya (f)	آسيا
África (f)	afreqia (f)	أفريقيا
Austrália (f)	ostorālya (f)	أستراليا
América (f)	amrīka (f)	أمريكا
América (f) do Norte	amrīka el ʃamaliya (f)	أمريكا الشماليّة
América (f) do Sul	amrīka el ganūbiya (f)	أمريكا الجنوبيّة
Antártida (f)	el qoṭb el ganūby (m)	القطب الجنوبي
Ártico (m)	el qoṭb el ʃamāly (m)	القطب الشمالي

166. Pontos cardeais

norte (m)	ʃemāl (m)	شمال
para norte	lel ʃamāl	للشمال
no norte	fel ʃamāl	في الشمال
do norte (adj)	ʃamāly	شمالي
sul (m)	ganūb (m)	جنوب
para sul	lel ganūb	للجنوب
no sul	fel ganūb	في الجنوب
do sul (adj)	ganūby	جنوبي
oeste, ocidente (m)	ɣarb (m)	غرب
para oeste	lel ɣarb	للغرب
no oeste	fel ɣarb	في الغرب
ocidental (adj)	ɣarby	غربي
leste, oriente (m)	ʃar’ (m)	شرق
para leste	lel ʃar’	للشرق
no leste	fel ʃar’	في الشرق
oriental (adj)	ʃar’y	شرقي

167. Mar. Oceano

mar (m)	baḥr (m)	بحر
oceano (m)	moḥīṭ (m)	محيط
golfo (m)	χalīg (m)	خليج
estreito (m)	maḍīq (m)	مضيق
terra (f) firme	barr (m)	بَر
continente (m)	qārra (f)	قارّة
ilha (f)	gezīra (f)	جزيرة
península (f)	ʃebh gezeyra (f)	شبه جزيرة
arquipélago (m)	magmū‘et gozor (f)	مجموعة جزر
baía (f)	χalīg (m)	خليج
porto (m)	minā’ (m)	ميناء
lagoa (f)	lagūn (m)	لاجون
cabo (m)	ra’s (m)	رأس
atol (m)	gezīra morganiya estwa’iya (f)	جزيرة مرجانية إستوائيّة
recife (m)	ʃo‘āb (pl)	شعاب
coral (m)	morgān (m)	مرجان
recife (m) de coral	ʃo‘āb morganiya (pl)	شعاب مرجانية
profundo (adj)	‘amīq	عميق
profundidade (f)	‘omq (m)	عمق
abismo (m)	el ‘omq el saḥīq (m)	العمق السحيق
fossa (f) oceânica	χondoq (m)	خندق
corrente (f)	tayār (m)	تيّار
banhar (vt)	ḥāṭ	حاط
litoral (m)	sāḥel (m)	ساحل

costa (f)	sāḥel (m)	ساحل
maré (f) alta	tayār (m)	تيّار
refluxo (m)	gozor (m)	جزر
restinga (f)	meyāh ḍaḥla (f)	مياه ضحلة
fundo (m)	qāʿ (m)	قاع

onda (f)	mouga (f)	موجة
crista (f) da onda	qemma (f)	قمّة
espuma (f)	zabad el baḥr (m)	زبد البحر

tempestade (f)	ʿāṣefa (f)	عاصفة
furacão (m)	eʿṣār (m)	إعصار
tsunami (m)	tsunāmy (m)	تسونامي
calmaria (f)	hodūʾ (m)	هدوء
calmo (adj)	hady	هادئ

| polo (m) | ʾoṭb (m) | قطب |
| polar (adj) | ʾoṭby | قطبي |

latitude (f)	ʿarḍ (m)	عرض
longitude (f)	χaṭṭ ṭūl (m)	خطّ طول
paralela (f)	motawāz (m)	متواز
equador (m)	χaṭṭ el estewāʾ (m)	خطّ الإستواء

céu (m)	samāʾ (f)	سماء
horizonte (m)	ofoq (m)	أفق
ar (m)	hawāʾ (m)	هواء

farol (m)	manāra (f)	منارة
mergulhar (vi)	ɣāṣ	غاص
afundar-se (vr)	ɣereʾ	غرق
tesouros (m pl)	konūz (pl)	كنوز

168. Montanhas

montanha (f)	gabal (m)	جبل
cordilheira (f)	selselet gebāl (f)	سلسلة جبال
serra (f)	notūʾ el gabal (m)	نتوء الجبل

cume (m)	qemma (f)	قمّة
pico (m)	qemma (f)	قمّة
pé (m)	asfal (m)	أسفل
declive (m)	monḥadar (m)	منحدر

vulcão (m)	borkān (m)	بركان
vulcão (m) ativo	borkān naʃeṭ (m)	بركان نشط
vulcão (m) extinto	borkān χāmed (m)	بركان خامد

erupção (f)	sawarān (m)	ثوَران
cratera (f)	fawhet el borkān (f)	فوهة البركان
magma (m)	magma (f)	ماجما
lava (f)	ḥomam borkāniya (pl)	حمم بركانية
fundido (lava ~a)	monṣahera	منصهرة
cânion, desfiladeiro (m)	wādy ḍayeʾ (m)	وادي ضيّق

garganta (f)	mamarr ḍaye' (m)	ممرّ ضيّق
fenda (f)	ʃa" (m)	شقّ
precipício (m)	hāwya (f)	هاوية
passo, colo (m)	mamarr gabaly (m)	ممرّ جبلي
planalto (m)	haḍaba (f)	هضبة
falésia (f)	garf (m)	جرف
colina (f)	tall (m)	تلّ
geleira (f)	nahr galīdy (m)	نهر جليدي
cachoeira (f)	ʃallāl (m)	شلّال
gêiser (m)	nab' maya ḥāra (m)	نبع ميّة حارة
lago (m)	boḥeyra (f)	بحيرة
planície (f)	sahl (m)	سهل
paisagem (f)	manzar ṭabee'y (m)	منظر طبيعي
eco (m)	ṣada (m)	صدى
alpinista (m)	motasalleq el gebāl (m)	متسلّق الجبال
escalador (m)	motasalleq ṣoχūr (m)	متسلّق صخور
conquistar (vt)	taɣallab 'ala	تغلّب على
subida, escalada (f)	tasalloq (m)	تسلّق

169. Rios

rio (m)	nahr (m)	نهر
fonte, nascente (f)	'eyn (m)	عين
leito (m) de rio	magra el nahr (m)	مجرى النهر
bacia (f)	ḥoḍe (m)	حوض
desaguar no ...	ṣabb fe ...	صبّ في...
afluente (m)	rāfed (m)	رافد
margem (do rio)	ḍaffa (f)	ضفّة
corrente (f)	tayār (m)	تيّار
rio abaixo	ma' ettigāh magra el nahr	مع إتّجاه مجرى النهر
rio acima	ḍed el tayār	ضد التيار
inundação (f)	ɣamr (m)	غمر
cheia (f)	fayaḍān (m)	فيضان
transbordar (vi)	fāḍ	فاض
inundar (vt)	ɣamar	غمر
banco (m) de areia	meyāh ḍaḥla (f)	مياه ضحلة
corredeira (f)	monḥadar el nahr (m)	منحدر النهر
barragem (f)	sadd (m)	سدّ
canal (m)	qanah (f)	قناة
reservatório (m) de água	χazzān mā'y (m)	خزّان مائي
eclusa (f)	bawwāba qanṭara (f)	بوّابة قنطرة
corpo (m) de água	berka (f)	بركة
pântano (m)	mostanqa' (m)	مستنقع
lamaçal (m)	mostanqa' (m)	مستنقع

redemoinho (m)	dawwāma (f)	دوّامة
riacho (m)	gadwal (m)	جدوّل
potável (adj)	el ʃorb	الشرب
doce (água)	ʿazb	عذب
gelo (m)	galīd (m)	جليد
congelar-se (vr)	etgammed	إتجمّد

170. Floresta

floresta (f), bosque (m)	ɣāba (f)	غابة
florestal (adj)	ɣāba	غابة
mata (f) fechada	ɣāba kasīfa (f)	غابة كثيفة
arvoredo (m)	bostān (m)	بستان
clareira (f)	ezālet el ɣābāt (f)	إزالة الغابات
matagal (m)	agama (f)	أجمة
mato (m), caatinga (f)	arāḍy el ʃogayrāt (pl)	أراضي الشجيرات
pequena trilha (f)	mamarr (m)	ممرّ
ravina (f)	wādy ḍaye' (m)	وادي ضيّق
árvore (f)	ʃagara (f)	شجرة
folha (f)	wara'a (f)	ورقة
folhagem (f)	wara' (m)	ورق
queda (f) das folhas	tasā'oṭ el awrā' (m)	تساقط الأوراق
cair (vi)	saqaṭ	سقط
topo (m)	ra's (m)	رأس
ramo (m)	ɣoṣn (m)	غصن
galho (m)	ɣoṣn ra'īsy (m)	غصن رئيسي
botão (m)	bor'om (m)	برعم
agulha (f)	ʃawka (f)	شوكة
pinha (f)	kūz el ṣnowbar (m)	كوز الصنوبر
buraco (m) de árvore	gofe (m)	جوف
ninho (m)	'eʃ (m)	عشّ
toca (f)	goḥr (m)	جحر
tronco (m)	gezʿ (m)	جذع
raiz (f)	gezr (m)	جذر
casca (f) de árvore	leḥā' (m)	لحاء
musgo (m)	ṭaḥlab (m)	طحلب
arrancar pela raiz	eqtalaʿ	إقتلع
cortar (vt)	'aṭṭaʿ	قطع
desflorestar (vt)	azāl el ɣabāt	أزال الغابات
toco, cepo (m)	gezʿ el ʃagara (m)	جذع الشجرة
fogueira (f)	nār moxayem (m)	نار مخيّم
incêndio (m) florestal	ḥarī' ɣāba (m)	حريق غابة
apagar (vt)	ṭaffa	طفى

guarda-parque (m)	ḥāres el ɣāba (m)	حارس الغابة
proteção (f)	ḥemāya (f)	حماية
proteger (a natureza)	ḥama	حمى
caçador (m) furtivo	sāreʾ el ṣeyd (m)	سارق الصيد
armadilha (f)	maṣyada (f)	مصيدة
colher (cogumelos, bagas)	gammaʿ	جمَع
perder-se (vr)	tāh	تاه

171. Recursos naturais

recursos (m pl) naturais	sarawāt ṭabiʿiya (pl)	ثروات طبيعيّة
minerais (m pl)	maʿāden (pl)	معادن
depósitos (m pl)	rawāseb (pl)	رواسب
jazida (f)	ḥaql (m)	حقل
extrair (vt)	estaχrag	إستخرج
extração (f)	esteχrāg (m)	إستخراج
minério (m)	χām (m)	خام
mina (f)	mangam (m)	منجم
poço (m) de mina	mangam (m)	منجم
mineiro (m)	ʿāmel mangam (m)	عامل منجم
gás (m)	ɣāz (m)	غاز
gasoduto (m)	χaṭṭ anabīb ɣāz (m)	خطّ أنابيب غاز
petróleo (m)	nafṭ (m)	نفط
oleoduto (m)	anabīb el nafṭ (pl)	أنابيب النفط
poço (m) de petróleo	bīr el nafṭ (m)	بير النفط
torre (f) petrolífera	ḥaffāra (f)	حفّارة
petroleiro (m)	nāqelet betrūl (f)	ناقلة بترول
areia (f)	raml (m)	رمل
calcário (m)	ḥagar el kals (m)	حجر الكلس
cascalho (m)	ḥaṣa (m)	حصى
turfa (f)	χaθ faḥm nabāty (m)	خث فحم نباتي
argila (f)	ṭīn (m)	طين
carvão (m)	faḥm (m)	فحم
ferro (m)	ḥadīd (m)	حديد
ouro (m)	dahab (m)	ذهب
prata (f)	faḍḍa (f)	فضّة
níquel (m)	nikel (m)	نيكل
cobre (m)	neḥās (m)	نحاس
zinco (m)	zink (m)	زنك
manganês (m)	manganīz (m)	منجنيز
mercúrio (m)	zeʾbaq (m)	زئبق
chumbo (m)	roṣāṣ (m)	رصاص
mineral (m)	maʿdan (m)	معدن
cristal (m)	kristāl (m)	كريستال
mármore (m)	roχām (m)	رخام
urânio (m)	yuranuim (m)	يورانيوم

A Terra. Parte 2

172. Tempo

tempo (m)	ṭa's (m)	طقس
previsão (f) do tempo	naʃra gawiya (f)	نشرة جوية
temperatura (f)	ḥarāra (f)	حرارة
termômetro (m)	termometr (m)	ترمومتر
barômetro (m)	barometr (m)	بارومتر
úmido (adj)	roṭob	رطب
umidade (f)	roṭūba (f)	رطوبة
calor (m)	ḥarāra (f)	حرارة
tórrido (adj)	ḥarr	حارّ
está muito calor	el gaww ḥarr	الجوّ حرّ
está calor	el gaww dafa	الجوّ دفا
quente (morno)	dāfe'	دافئ
está frio	el gaww bāred	الجوّ بارد
frio (adj)	bāred	بارد
sol (m)	ʃams (f)	شمس
brilhar (vi)	nawwar	نوّر
de sol, ensolarado	moʃmes	مشمس
nascer (vi)	ʃara'	شرق
pôr-se (vr)	ɣarab	غرب
nuvem (f)	saḥāba (f)	سحابة
nublado (adj)	meɣayem	مغيّم
nuvem (f) preta	saḥābet maṭar (f)	سحابة مطر
escuro, cinzento (adj)	meɣayem	مغيّم
chuva (f)	maṭar (m)	مطر
está a chover	el donia betmaṭṭar	الدنيا بتمطّر
chuvoso (adj)	momṭer	ممطر
chuviscar (vi)	maṭṭaret razāz	مطّرت رذاذ
chuva (f) torrencial	maṭar monhamer (f)	مطر منهمر
aguaceiro (m)	maṭar ɣazīr (m)	مطر غزير
forte (chuva, etc.)	ʃedīd	شديد
poça (f)	berka (f)	بركة
molhar-se (vr)	ettbal	إتبل
nevoeiro (m)	ʃabbūra (f)	شبّورة
de nevoeiro	fih ʃabbūra	فيه شبّورة
neve (f)	talg (m)	ثلج
está nevando	fih talg	فيه ثلج

173. Tempo extremo. Catástrofes naturais

trovoada (f)	'āṣefa ra'diya (f)	عاصفة رعدية
relâmpago (m)	bar' (m)	برق
relampejar (vi)	baraq	برق
trovão (m)	ra'd (m)	رعد
trovejar (vi)	dawa	دوّى
está trovejando	el samā' dawat ra'd (f)	السماء دوّت رعد
granizo (m)	maṭar bard (m)	مطر برد
está caindo granizo	maṭṭaret bard	مطّرت برد
inundar (vt)	γamar	غمر
inundação (f)	fayaḍān (m)	فيضان
terremoto (m)	zelzāl (m)	زلزال
abalo, tremor (m)	hazza arḍiya (f)	هزّة أرضية
epicentro (m)	markaz el zelzāl (m)	مركز الزلزال
erupção (f)	sawarān (m)	ثوران
lava (f)	ḥomam borkāniya (pl)	حمم بركانية
tornado (m)	e'ṣār (m)	إعصار
tufão (m)	tyfūn (m)	طوفان
furacão (m)	e'ṣār (m)	إعصار
tempestade (f)	'āṣefa (f)	عاصفة
tsunami (m)	tsunāmy (m)	تسونامي
ciclone (m)	e'ṣār (m)	إعصار
mau tempo (m)	ṭa's saye' (m)	طقس سيئ
incêndio (m)	ḥarī' (m)	حريق
catástrofe (f)	karsa (f)	كارثة
meteorito (m)	nayzek (m)	نيزك
avalanche (f)	enheyār talgy (m)	إنهيار ثلجي
deslizamento (m) de neve	enheyār talgy (m)	إنهيار ثلجي
nevasca (f)	'āṣefa talgiya (f)	عاصفة ثلجية
tempestade (f) de neve	'āṣefa talgiya (f)	عاصفة ثلجية

Fauna

174. Mamíferos. Predadores

predador (m)	moftares (m)	مفترس
tigre (m)	nemr (m)	نمر
leão (m)	asad (m)	أسد
lobo (m)	ze'b (m)	ذئب
raposa (f)	ta'lab (m)	ثعلب
jaguar (m)	nemr amrīky (m)	نمر أمريكي
leopardo (m)	fahd (m)	فهد
chita (f)	fahd ṣayād (m)	فهد صيّاد
pantera (f)	nemr aswad (m)	نمر أسوّد
puma (m)	asad el gebāl (m)	أسد الجبال
leopardo-das-neves (m)	nemr el tolūg (m)	نمر الثلوج
lince (m)	waʃaq (m)	وشق
coiote (m)	qayūṭ (m)	قيوط
chacal (m)	ebn 'āwy (m)	ابن آوى
hiena (f)	ḍebʿ (m)	ضبع

175. Animais selvagens

animal (m)	ḥayawān (m)	حيوان
besta (f)	waḥʃ (m)	وحش
esquilo (m)	sengāb (m)	سنجاب
ouriço (m)	qonfoz (m)	قنفذ
lebre (f)	arnab barry (m)	أرنب برّي
coelho (m)	arnab (m)	أرنب
texugo (m)	ɣarīr (m)	غرير
guaxinim (m)	rakūn (m)	راكون
hamster (m)	hamster (m)	هامستر
marmota (f)	marmoṭ (m)	مرموط
toupeira (f)	χold (m)	خلد
rato (m)	fār (m)	فأر
ratazana (f)	gerz (m)	جرذ
morcego (m)	χoffāʃ (m)	خفّاش
arminho (m)	qāqem (m)	قاقم
zibelina (f)	sammūr (m)	سمّور
marta (f)	faraˈʔāt (m)	فرائيات
doninha (f)	ebn ʿers (m)	ابن عرس
visom (m)	mink (m)	منك

castor (m)	qondos (m)	قندس
lontra (f)	ta'lab maya (m)	ثعلب المية
cavalo (m)	ḥoṣān (m)	حصان
alce (m)	eyl el mūz (m)	أيل الموظ
veado (m)	ayl (m)	أيل
camelo (m)	gamal (m)	جمل
bisão (m)	bison (m)	بيسون
auroque (m)	byson orobby (m)	بيسون أوروبي
búfalo (m)	gamūs (m)	جاموس
zebra (f)	ḥomār waḥʃy (m)	حمار وحشي
antílope (m)	ẓaby (m)	ظبي
corça (f)	yaḥmūr orobby (m)	يحمور أوروبي
gamo (m)	eyl asmar orobby (m)	أيل أسمر أوروبي
camurça (f)	ʃamwah (f)	شامواه
javali (m)	xenzīr barry (m)	خنزير بري
baleia (f)	ḥūt (m)	حوت
foca (f)	foqma (f)	فقمة
morsa (f)	el kab' (m)	الكبع
urso-marinho (m)	foqmet el farā' (f)	فقمة الفراء
golfinho (m)	dolfīn (m)	دولفين
urso (m)	dobb (m)	دبّ
urso (m) polar	dobb 'oṭṭby (m)	دبّ قطبي
panda (m)	banda (m)	باندا
macaco (m)	'erd (m)	قرد
chimpanzé (m)	ʃimbanzy (m)	شيمبانزي
orangotango (m)	orangutan (m)	أورنغوتان
gorila (m)	ɣorella (f)	غوريلا
macaco (m)	'erd el makāk (m)	قرد المكاك
gibão (m)	gibbon (m)	جيبون
elefante (m)	fīl (m)	فيل
rinoceronte (m)	xartīt (m)	خرتيت
girafa (f)	zarāfa (f)	زرافة
hipopótamo (m)	faras el nahr (m)	فرس النهر
canguru (m)	kangarū (m)	كانجارو
coala (m)	el koala (m)	الكوالا
mangusto (m)	nems (m)	نمس
chinchila (f)	ʃenʃīla (f)	شنشيلة
cangambá (f)	ẓerbān (m)	ظربان
porco-espinho (m)	nīṣ (m)	نيص

176. Animais domésticos

gata (f)	'oṭṭa (f)	قطّة
gato (m) macho	'oṭṭ (m)	قطّ
cão (m)	kalb (m)	كلب

cavalo (m)	ḥoṣān (m)	حصان
garanhão (m)	xeyl faḥl (m)	خيل فحل
égua (f)	faras (f)	فرس
vaca (f)	ba'ara (f)	بقرة
touro (m)	sore (m)	ثور
boi (m)	sore (m)	ثور
ovelha (f)	xarūf (f)	خروف
carneiro (m)	kebʃ (m)	كبش
cabra (f)	meʻza (f)	معزة
bode (m)	mãʻez zakar (m)	ماعز ذكر
burro (m)	ḥomār (m)	حمار
mula (f)	baɣl (m)	بغل
porco (m)	xenzīr (m)	خنزير
leitão (m)	xannūṣ (m)	خنّوص
coelho (m)	arnab (m)	أرنب
galinha (f)	farxa (f)	فرخة
galo (m)	dīk (m)	ديك
pata (f), pato (m)	baṭṭa (f)	بطّة
pato (m)	dakar el baṭṭ (m)	ذكر البط
ganso (m)	wezza (f)	وزّة
peru (m)	dīk rūmy (m)	ديك رومي
perua (f)	dīk rūmy (m)	ديك رومي
animais (m pl) domésticos	ḥayawānāt dawāgen (pl)	حيوانات دواجن
domesticado (adj)	alīf	أليف
domesticar (vt)	rawweḍ	روّض
criar (vt)	rabba	ربّى
fazenda (f)	mazraʻa (f)	مزرعة
aves (f pl) domésticas	dawāgen (pl)	دواجن
gado (m)	māʃeya (f)	ماشية
rebanho (m), manada (f)	qaṭeeʻ (m)	قطيع
estábulo (m)	eṣtabl xeyl (m)	إسطبل خيل
chiqueiro (m)	ḥazīret xanazīr (f)	حظيرة الخنازير
estábulo (m)	zerībet el ba'ar (f)	زريبة البقر
coelheira (f)	qan el arāneb (m)	قن الأرانب
galinheiro (m)	qan el feraẖ (m)	قن الفراخ

177. Cães. Raças de cães

cão (m)	kalb (m)	كلب
cão pastor (m)	kalb rāʻy (m)	كلب رعي
pastor-alemão (m)	kalb rāʻy almāny (m)	كلب راعي ألمانيّ
poodle (m)	būdle (m)	بودل
linguicinha (m)	daʃhund (m)	داشهند
buldogue (m)	bulldog (m)	بولدوج

boxer (m)	bokser (m)	بوكسر
mastim (m)	mastiff (m)	ماستيف
rottweiler (m)	rottfeyler (m)	روت فايلر
dóberman (m)	doberman (m)	دوبرمان
basset (m)	basset (m)	باسيت
pastor inglês (m)	bobtayl (m)	بوبتيل
dálmata (m)	delmāṭy (m)	دلماطي
cocker spaniel (m)	kokker spaniel (m)	كوكر سبانييل
terra-nova (m)	nyu faundland (m)	نيوفاوندلاند
são-bernardo (m)	sant bernard (m)	سانت بيرنارد
husky (m) siberiano	hasky (m)	هاسكي
Chow-chow (m)	tʃaw tʃaw (m)	تشاوتشاو
spitz alemão (m)	esbitz (m)	إسبتز
pug (m)	bug (m)	بج

178. Sons produzidos pelos animais

latido (m)	nebāḥ (m)	نباح
latir (vi)	nabaḥ	نبح
miar (vi)	mawmaw	مومو
ronronar (vi)	χarχar	خرخر
mugir (vaca)	χār	خار
bramir (touro)	χār	خار
rosnar (vi)	damdam	دمدم
uivo (m)	ʿawāʾ (m)	عواء
uivar (vi)	ʿawa	عوى
ganir (vi)	ann	أنّ
balir (vi)	maʾmaʾ	مأمأ
grunhir (vi)	qabaʿ	قبع
guinchar (vi)	qabaʿ	قبع
coaxar (sapo)	naʾʾ	نقّ
zumbir (inseto)	ṭann	طنّ
ziziar (vi)	ʿarʿar	عرعر

179. Pássaros

pássaro (m), ave (f)	ṭāʾer (m)	طائر
pombo (m)	ḥamāma (f)	حمامة
pardal (m)	ʿaṣfūr dawri (m)	عصفور دوري
chapim-real (m)	qarqaf (m)	قرقف
pega-rabuda (f)	ʿaʾʾaʾ (m)	عقعق
corvo (m)	ɣorāb aswad (m)	غراب أسود
gralha-cinzenta (f)	ɣorāb (m)	غراب
gralha-de-nuca-cinzenta (f)	zāɣ zarʿy (m)	زاغ زرعي

gralha-calva (f)	ɣorāb el qeyẓ (m)	غراب القيظ
pato (m)	baṭṭa (f)	بطّة
ganso (m)	wezza (f)	وزّة
faisão (m)	tadarrog (m)	تدرج
águia (f)	'eqāb (m)	عقاب
açor (m)	el bāz (m)	الباز
falcão (m)	ṣa'r (m)	صقر
abutre (m)	nesr (m)	نسر
condor (m)	kondor (m)	كندور
cisne (m)	el temm (m)	التمّ
grou (m)	karkiya (m)	كركية
cegonha (f)	loqloq (m)	لقلق
papagaio (m)	babaɣā' (m)	ببغاء
beija-flor (m)	ṭannān (m)	طنّان
pavão (m)	ṭawūs (m)	طاووس
avestruz (m)	na'āma (f)	نعامة
garça (f)	belʃone (m)	بلشون
flamingo (m)	flamingo (m)	فلامينجو
pelicano (m)	bag'a (f)	بجعة
rouxinol (m)	'andalīb (m)	عندليب
andorinha (f)	el sonūnū (m)	السنونو
tordo-zornal (m)	somnet el ḥoqūl (m)	سمنة الحقول
tordo-músico (m)	somna moɣarreda (m)	سمنة مغرّدة
melro-preto (m)	ʃaḥrūr aswad (m)	شحرور أسود
andorinhão (m)	semmāma (m)	سمّامة
cotovia (f)	qabra (f)	قبرة
codorna (f)	semmān (m)	سمّان
pica-pau (m)	na'ār el xaʃab (m)	نقار الخشب
cuco (m)	weqwāq (m)	وقواق
coruja (f)	būma (f)	بومة
bufo-real (m)	būm orāsy (m)	بوم أوراسي
tetraz-grande (m)	dīk el xalang (m)	ديك الخلنج
tetraz-lira (m)	ṭyhūg aswad (m)	طيهوج أسوّد
perdiz-cinzenta (f)	el ḥagal (m)	الحجل
estorninho (m)	zerzūr (m)	زرزور
canário (m)	kanāry (m)	كناري
galinha-do-mato (f)	ṭyhūg el bondo' (m)	طيهوج البندق
tentilhão (m)	ʃarʃūr (m)	شرشور
dom-fafe (m)	deɣnāʃ (m)	دغناش
gaivota (f)	nawras (m)	نورس
albatroz (m)	el qoṭros (m)	القطرس
pinguim (m)	beṭrīq (m)	بطريق

180. Pássaros. Canto e sons

cantar (vi)	yanna	غنَّى
gritar, chamar (vi)	nāda	نادى
cantar (o galo)	ṣāḥ	صاح
cocorocó (m)	kokokūko	كوكوكوكو
cacarejar (vi)	kāky	كاكي
crocitar (vi)	na'aq	نعق
grasnar (vi)	baṭbaṭ	بطبط
piar (vi)	ṣawṣaw	صوصوَ
chilrear, gorjear (vi)	za'za'	زقزق

181. Peixes. Animais marinhos

brema (f)	abramīs (m)	أبراميس
carpa (f)	ʃabbūṭ (m)	شبّوط
perca (f)	farX (m)	فرخ
siluro (m)	'armūṭ (m)	قرموط
lúcio (m)	karāky (m)	كراكي
salmão (m)	salamon (m)	سلمون
esturjão (m)	ḥaʃʃ (m)	حفش
arenque (m)	renga (f)	رنجة
salmão (m) do Atlântico	salamon aṭlasy (m)	سلمون أطلسي
cavala, sarda (f)	makerel (m)	ماكريل
solha (f), linguado (m)	samak mefalṭah (f)	سمك مفلطح
lúcio perca (m)	samak sandar (m)	سمك سندر
bacalhau (m)	el qadd (m)	القد
atum (m)	tuna (f)	تونة
truta (f)	salamon mera''aṭ (m)	سلمون مرقّط
enguia (f)	ḥankalīs (m)	حنكليس
raia (f) elétrica	ra'ād (m)	رعاد
moreia (f)	moraya (f)	مورايية
piranha (f)	bīrana (f)	بيرانا
tubarão (m)	'erʃ (m)	قرش
golfinho (m)	dolfīn (m)	دولفين
baleia (f)	ḥūt (m)	حوت
caranguejo (m)	kaboria (m)	كابوريا
água-viva (f)	'andīl el baḥr (m)	قنديل البحر
polvo (m)	aXṭabūṭ (m)	أخطبوط
estrela-do-mar (f)	negmet el baḥr (f)	نجمة البحر
ouriço-do-mar (m)	qonfoz el baḥr (m)	قنفذ البحر
cavalo-marinho (m)	ḥoṣān el baḥr (m)	حصان البحر
ostra (f)	maḥār (m)	محار
camarão (m)	gammbary (m)	جمبري

lagosta (f)	estakoza (f)	استكوزا
lagosta (f)	estakoza (m)	استاكوزا

182. Anfíbios. Répteis

cobra (f)	te'bān (m)	ثعبان
venenoso (adj)	sām	سام

víbora (f)	af'a (f)	أفعى
naja (f)	kobra (m)	كوبرا
píton (m)	te'bān byton (m)	ثعبان بايثون
jiboia (f)	bawā' el 'aṣera (f)	بواء العاصرة

cobra-de-água (f)	te'bān el 'oʃb (m)	ثعبان العشب
cascavel (f)	af'a megalgela (f)	أفعى مجلجلة
anaconda (f)	anakonda (f)	أناكوندا

lagarto (m)	seḥliya (f)	سحليّة
iguana (f)	eɣwana (f)	إغوانة
varano (m)	warl (m)	ورل
salamandra (f)	salamander (m)	سلمندر
camaleão (m)	ḥerbāya (f)	حرباية
escorpião (m)	'a'rab (m)	عقرب

tartaruga (f)	solḥefah (f)	سلحفاة
rã (f)	ḍeffḍa' (m)	ضفدع
sapo (m)	ḍeffḍa' el ṭeyn (m)	ضفدع الطين
crocodilo (m)	temsāḥ (m)	تمساح

183. Insetos

inseto (m)	ḥaʃara (f)	حشرة
borboleta (f)	farāʃa (f)	فراشة
formiga (f)	namla (f)	نملة
mosca (f)	debbāna (f)	دبّانة
mosquito (m)	namūsa (f)	ناموسة
escaravelho (m)	χonfesa (f)	خنفسة

vespa (f)	dabbūr (m)	دبّور
abelha (f)	naḥla (f)	نحلة
mamangaba (f)	naḥla ṭannāna (f)	نحلة طنّانة
moscardo (m)	na'ra (f)	نعرة

aranha (f)	'ankabūt (m)	عنكبوت
teia (f) de aranha	nasīg 'ankabūt (m)	نسيج عنكبوت

libélula (f)	ya'sūb (m)	يعسوب
gafanhoto (m)	garād (m)	جراد
traça (f)	'etta (f)	عتّة

barata (f)	ṣarṣūr (m)	صرصور
carrapato (m)	qarāda (f)	قرادة

pulga (f)	baryūt (m)	برغوث
borrachudo (m)	ba'ūḍa (f)	بعوضة
gafanhoto (m)	garād (m)	جراد
caracol (m)	ḥalazōn (m)	حلزون
grilo (m)	ṣarṣūr el ḥaql (m)	صرصور الحقل
pirilampo, vaga-lume (m)	yarā'a (f)	يراعة
joaninha (f)	χonfesa mena'ṭṭa (f)	خنفسة منقّطة
besouro (m)	χonfesa motlefa lel nabāt (f)	خنفسة متلفة للنبات
sanguessuga (f)	'alaqa (f)	علقة
lagarta (f)	yasrū' (m)	يسروع
minhoca (f)	dūda (f)	دودة
larva (f)	yaraqa (f)	يرقة

184. Animais. Partes do corpo

bico (m)	monqār (m)	منقار
asas (f pl)	agneḥa (pl)	أجنحة
pata (f)	regl (f)	رجل
plumagem (f)	rīʃ (m)	ريش
pena, pluma (f)	rīʃa (f)	ريشة
crista (f)	'orf el dīk (m)	عرف الديك
brânquias, guelras (f pl)	χāyaʃīm (pl)	خياشيم
ovas (f pl)	beyḍ el samak (pl)	بيض السمك
larva (f)	yaraqa (f)	يرقة
barbatana (f)	za'nafa (f)	زعنفة
escama (f)	ḥarāfeʃ (pl)	حرافش
presa (f)	nāb (m)	ناب
pata (f)	yad (f)	يد
focinho (m)	χaṭm (m)	خطم
boca (f)	bo' (m)	بوء
cauda (f), rabo (m)	deyl (m)	ذيل
bigodes (m pl)	ʃawāreb (pl)	شوارب
casco (m)	ḥāfer (m)	حافر
corno (m)	'arn (m)	قرن
carapaça (f)	der' (m)	درع
concha (f)	maḥāra (f)	محارة
casca (f) de ovo	'eʃret beyḍa (f)	قشرة بيضة
pelo (m)	ʃa'r (m)	شعر
pele (f), couro (m)	geld (m)	جلد

185. Animais. Habitats

hábitat (m)	mawṭen (m)	موطن
migração (f)	hegra (f)	هجرة
montanha (f)	gabal (m)	جبل

recife (m)	ʃoʻāb (pl)	شعاب
falésia (f)	garf (m)	جرف
floresta (f)	ɣāba (f)	غابة
selva (f)	adɣāl (pl)	أدغال
savana (f)	savanna (f)	سافانا
tundra (f)	tundra (f)	تندرا
estepe (f)	barāry (pl)	براري
deserto (m)	ṣahra' (f)	صحراء
oásis (m)	wāḥa (f)	واحة
mar (m)	baḥr (m)	بحر
lago (m)	boḥeyra (f)	بحيرة
oceano (m)	moḥīṭ (m)	محيط
pântano (m)	mostanqaʻ (m)	مستنقع
de água doce	maya ʻazba	ميّة عذبة
lagoa (f)	berka (f)	بركة
rio (m)	nahr (m)	نهر
toca (f) do urso	wekr (m)	وكر
ninho (m)	ʻeʃ (m)	عشّ
buraco (m) de árvore	gofe (m)	جوف
toca (f)	gohr (m)	جحر
formigueiro (m)	ʻeʃ naml (m)	عش نمل

Flora

186. Árvores

árvore (f)	ʃagara (f)	شجرة
decídua (adj)	nafḍiya	نفضية
conífera (adj)	ṣonoberiya	صنوبرية
perene (adj)	dā'emet el xoḍra	دائمة الخضرة
macieira (f)	ʃagaret toffāḥ (f)	شجرة تفّاح
pereira (f)	ʃagaret komettra (f)	شجرة كمّثرى
cerejeira, ginjeira (f)	ʃagaret karaz (f)	شجرة كرز
ameixeira (f)	ʃagaret bar'ū' (f)	شجرة برقوق
bétula (f)	batola (f)	بتولا
carvalho (m)	ballūṭ (f)	بلّوط
tília (f)	zayzafūn (f)	زيزفون
choupo-tremedor (m)	ḥūr rāgef	حور راجف
bordo (m)	qayqab (f)	قيقب
espruce (m)	rateng (f)	راتينج
pinheiro (m)	ṣonober (f)	صنوبر
alerce, lariço (m)	arziya (f)	أرزية
abeto (m)	tanūb (f)	تنوب
cedro (m)	el orz (f)	الأرز
choupo, álamo (m)	ḥūr (f)	حور
tramazeira (f)	ɣobayrā' (f)	غبيراء
salgueiro (m)	ṣefṣāf (f)	صفصاف
amieiro (m)	gār el mā' (m)	جار الماء
faia (f)	el zān (f)	الزان
ulmeiro, olmo (m)	derdar (f)	دردار
freixo (m)	marān (f)	مران
castanheiro (m)	kastanā' (f)	كستناء
magnólia (f)	maɣnolia (f)	ماغنوليا
palmeira (f)	naxla (f)	نخلة
cipreste (m)	el soro (f)	السرو
mangue (m)	mangrūf (f)	مانجروف
embondeiro, baobá (m)	baobab (f)	باوباب
eucalipto (m)	eukalyptus (f)	أوكاليبتوس
sequoia (f)	sequoia (f)	سيكويا

187. Arbustos

arbusto (m)	ʃogeyra (f)	شجيرة
arbusto (m), moita (f)	ʃogayrāt (pl)	شجيرات

videira (f)	karma (f)	كرمة
vinhedo (m)	karam (m)	كرم
framboeseira (f)	zar'et tūt el 'alī' el aḥmar (f)	زرعة توت العليق الأحمر
groselheira-vermelha (f)	keʃmeʃ aḥmar (m)	كشمش أحمر
groselheira (f) espinhosa	'enab el sa'lab (m)	عنب الثعلب
acácia (f)	aqaqia (f)	أقاقيا
bérberis (f)	berbarīs (m)	برباريس
jasmim (m)	yasmīn (m)	ياسمين
junípero (m)	'ar'ar (m)	عرعر
roseira (f)	ʃogeyret ward (f)	شجيرة ورد
roseira (f) brava	ward el seyāg (pl)	ورد السياج

188. Cogumelos

cogumelo (m)	feṭr (f)	فطر
cogumelo (m) comestível	feṭr ṣāleḥ lel akl (m)	فطر صالح للأكل
cogumelo (m) venenoso	feṭr sām (m)	فطر سام
chapéu (m)	ṭarbūʃ el feṭr (m)	طربوش الفطر
pé, caule (m)	sāq el feṭr (m)	ساق الفطر
boleto, porcino (m)	feṭr boleṭe ma'kūl (m)	فطر بوليط مأكول
boleto (m) alaranjado	feṭr aḥmar (m)	فطر أحمر
boleto (m) de bétula	feṭr boleṭe (m)	فطر بوليط
cantarelo (m)	feṭr el ʃanterel (m)	فطر الشانتريل
rússula (f)	feṭr russula (m)	فطر روسولا
morchella (f)	feṭr el yoʃna (m)	فطر الغوشنة
agário-das-moscas (m)	feṭr amanīt el ṭā'er (m)	فطر أمانيت الطائر
cicuta (f) verde	feṭr amanīt falusyāny el sām (m)	فطر أمانيت فالوسياني السام

189. Frutos. Bagas

fruta (f)	tamra (f)	تمرة
frutas (f pl)	tamr (m)	تمر
maçã (f)	toffāḥa (f)	تفّاحة
pera (f)	komettra (f)	كمّثرى
ameixa (f)	bar'ū' (m)	برقوق
morango (m)	farawla (f)	فراولة
ginja, cereja (f)	karaz (m)	كرز
uva (f)	'enab (m)	عنب
framboesa (f)	tūt el 'alī' el aḥmar (m)	توت العليق الأحمر
groselha (f) negra	keʃmeʃ aswad (m)	كشمش أسود
groselha (f) vermelha	keʃmeʃ aḥmar (m)	كشمش أحمر
groselha (f) espinhosa	'enab el sa'lab (m)	عنب الثعلب
oxicoco (m)	'enabiya ḥāda el xebā' (m)	عنبية حادة الخباء
laranja (f)	bortoqāl (m)	برتقال

tangerina (f)	yosfy (m)	يوسفي
abacaxi (m)	ananãs (m)	أناناس
banana (f)	moze (m)	موز
tâmara (f)	tamr (m)	تمر
limão (m)	lymūn (m)	ليمون
damasco (m)	meʃmeʃ (f)	مشمش
pêssego (m)	xawxa (f)	خوخة
quiuí (m)	kiwi (m)	كيوي
toranja (f)	grabe frūt (m)	جريب فروت
baga (f)	tūt (m)	توت
bagas (f pl)	tūt (pl)	توت
arando (m) vermelho	'enab el sore (m)	عنب الثور
morango-silvestre (m)	farawla barriya (f)	فراولة برّية
mirtilo (m)	'enab al aḥrāg (m)	عنب الأحراج

190. Flores. Plantas

flor (f)	zahra (f)	زهرة
buquê (m) de flores	bokeyh (f)	بوكيه
rosa (f)	warda (f)	وردة
tulipa (f)	tolīb (f)	توليب
cravo (m)	'oronfol (m)	قرنفل
gladíolo (m)	el dalbūs (f)	الدَلَبُثُ
centáurea (f)	qanṭeryūn 'anbary (m)	قنطريون عنبري
campainha (f)	garīs mostadīr el awrā' (m)	جريس مستدير الأوراق
dente-de-leão (m)	handabā' (f)	هندباء
camomila (f)	kamomile (f)	كاموميل
aloé (m)	el alowa (m)	الألوَة
cacto (m)	ṣabbār (m)	صبّار
fícus (m)	faykas (m)	فيكس
lírio (m)	zanbaq (f)	زنبق
gerânio (m)	ɣarnūqy (f)	غرنوقي
jacinto (m)	el lavender (f)	اللافندر
mimosa (f)	mimoza (f)	ميموزا
narciso (m)	nerges (f)	نرجس
capuchinha (f)	abo xangar (f)	أبو خنجر
orquídea (f)	orkid (f)	أوركيد
peônia (f)	fawnia (f)	فاوانيا
violeta (f)	el banafseg (f)	البنفسج
amor-perfeito (m)	bansy (f)	بانسي
não-me-esqueças (m)	'āzān el fa'r (pl)	آذان الفأر
margarida (f)	aqwaḥān (f)	أقحوان
papoula (f)	el xoʃxāʃ (f)	الخشخاش
cânhamo (m)	qanb (m)	قنب

hortelã, menta (f)	ne'nā' (m)	نعناع
lírio-do-vale (m)	zanbaq el wādy (f)	زنبق الوادي
campânula-branca (f)	zahrat el laban (f)	زهرة اللبن
urtiga (f)	'arrāṣ (m)	قرّاص
azedinha (f)	ḥammāḍ bostāny (m)	حمّاض بستاني
nenúfar (m)	niloferiya (f)	نيلوفرية
samambaia (f)	sarχas (m)	سرخس
líquen (m)	aʃna (f)	أشنة
estufa (f)	ṣoba (f)	صوبة
gramado (m)	'oʃb aχḍar (m)	عشب أخضر
canteiro (m) de flores	geneynet zohūr (f)	جنينة زهور
planta (f)	nabāt (m)	نبات
grama (f)	'oʃb (m)	عشب
folha (f) de grama	'oʃba (f)	عشبة
folha (f)	wara'a (f)	ورقة
pétala (f)	wara'et el zahra (f)	ورقة الزهرة
talo (m)	sāq (f)	ساق
tubérculo (m)	darna (f)	درنة
broto, rebento (m)	nabta sayīra (f)	نبتة صغيرة
espinho (m)	ʃawka (f)	شوكة
florescer (vi)	fattaḥet	فتّحت
murchar (vi)	debel	ذبل
cheiro (m)	rīḥa (f)	ريحة
cortar (flores)	'aṭa'	قطع
colher (uma flor)	'aṭaf	قطف

191. Cereais, grãos

grão (m)	ḥobūb (pl)	حبوب
cereais (plantas)	maḥaṣīl el ḥubūb (pl)	محاصيل الحبوب
espiga (f)	sonbola (f)	سنبلة
trigo (m)	'amḥ (m)	قمح
centeio (m)	ʃelm mazrū' (m)	شيلم مزروع
aveia (f)	ʃofān (m)	شوفان
painço (m)	el deχn (m)	الدُّخن
cevada (f)	ʃeʿīr (m)	شعير
milho (m)	dora (f)	ذرة
arroz (m)	rozz (m)	رزّ
trigo-sarraceno (m)	ḥanṭa soda' (f)	حنطة سوداء
ervilha (f)	besella (f)	بسلّة
feijão (m) roxo	faṣolya (f)	فاصوليا
soja (f)	fūl el ṣoya (m)	فول الصويا
lentilha (f)	'ads (m)	عدس
feijão (m)	fūl (m)	فول

GEOGRAFIA REGIONAL

Países. Nacionalidades

192. Política. Governo. Parte 1

política (f)	seyāsa (f)	سياسة
político (adj)	seyāsy	سياسي
político (m)	seyāsy (m)	سياسيّ
estado (m)	dawla (f)	دولة
cidadão (m)	mowāṭen (m)	مواطن
cidadania (f)	mewaṭna (f)	مواطنة
brasão (m) de armas	ʃeʿār waṭany (m)	شعار وطني
hino (m) nacional	naʃīd waṭany (m)	نشيد وطني
governo (m)	ḥokūma (f)	حكومة
Chefe (m) de Estado	ra's el dawla (m)	رأس الدولة
parlamento (m)	barlamān (m)	برلمان
partido (m)	ḥezb (m)	حزب
capitalismo (m)	ra'smaliya (f)	رأسماليّة
capitalista (adj)	ra'smāly	رأسمالي
socialismo (m)	eʃterakiya (f)	إشتراكيّة
socialista (adj)	eʃterāky	إشتراكي
comunismo (m)	ʃeyūʿiya (f)	شيوعيّة
comunista (adj)	ʃeyūʿy	شيوعي
comunista (m)	ʃeyūʿy (m)	شيوعي
democracia (f)	dīmoqraṭiya (f)	ديموقراطيّة
democrata (m)	demoqrāṭy (m)	ديموقراطي
democrático (adj)	demoqrāṭy	ديموقراطي
Partido (m) Democrático	el ḥezb el demokrāṭy (m)	الحزب الديموقراطي
liberal (m)	librāly (m)	ليبرالي
liberal (adj)	librāly	ليبرالي
conservador (m)	moḥāfeẓ (m)	محافظ
conservador (adj)	moḥāfeẓ	محافظ
república (f)	gomhoriya (f)	جمهورية
republicano (m)	gomhūry (m)	جمهوري
Partido (m) Republicano	el ḥezb el gomhūry (m)	الحزب الجمهوري
eleições (f pl)	entaxabāt (pl)	إنتخابات
eleger (vt)	entaxab	إنتخب
eleitor (m)	nāxeb (m)	ناخب

campanha (f) eleitoral	ḥamla enteχabiya (f)	حملة إنتخابيّة
votação (f)	taṣwīt (m)	تصويت
votar (vi)	ṣawwat	صوّت
sufrágio (m)	ḥa' el enteχāb (m)	حق الإنتخاب
candidato (m)	morasʃaḥ (m)	مرشّح
candidatar-se (vi)	rasʃaḥ nafsoh	رشّح نفسه
campanha (f)	ḥamla (f)	حملة
da oposição	mo'āreḍ	معارض
oposição (f)	mo'arḍa (f)	معارضة
visita (f)	zeyāra (f)	زيارة
visita (f) oficial	zeyāra rasmiya (f)	زيارة رسميّة
internacional (adj)	dawly	دوّلي
negociações (f pl)	mofawḍāt (pl)	مفاوضات
negociar (vi)	tafāwaḍ	تفاوض

193. Política. Governo. Parte 2

sociedade (f)	mogtama' (m)	مجتمع
constituição (f)	dostūr (m)	دستور
poder (ir para o ~)	solṭa (f)	سلطة
corrupção (f)	fasād (m)	فساد
lei (f)	qanūn (m)	قانون
legal (adj)	qanūny	قانوني
justeza (f)	'adāla (f)	عدالة
justo (adj)	'ādel	عادل
comitê (m)	lagna (f)	لجنة
projeto-lei (m)	maʃrū' qanūn (m)	مشروع قانون
orçamento (m)	mowazna (f)	موازنة
política (f)	seyāsa (f)	سياسة
reforma (f)	eṣlāḥ (m)	إصلاح
radical (adj)	oṣūly	أصولي
força (f)	'owwa (f)	قوّة
poderoso (adj)	'awy	قوّي
partidário (m)	mo'ayed (m)	مؤيد
influência (f)	ta'sīr (m)	تأثير
regime (m)	nezām ḥokm (m)	نظام حكم
conflito (m)	χelāf (m)	خلاف
conspiração (f)	mo'amra (f)	مؤامرة
provocação (f)	estefzāz (m)	إستفزاز
derrubar (vt)	asqaṭ	أسقط
derrube (m), queda (f)	esqāṭ (m)	إسقاط
revolução (f)	sawra (f)	ثوّرة
golpe (m) de Estado	enqelāb (m)	إنقلاب
golpe (m) militar	enqelāb 'askary (m)	إنقلاب عسكري

crise (f)	azma (f)	أزمة
recessão (f) econômica	rokūd eqteṣādy (m)	ركود إقتصادي
manifestante (m)	motaẓāher (m)	متظاهر
manifestação (f)	mozahra (f)	مظاهرة
lei (f) marcial	ḥokm ʿorfy (m)	حكم عرفي
base (f) militar	qaʿeda ʿaskariya (f)	قاعدة عسكريّة
estabilidade (f)	esteqrār (m)	إستقرار
estável (adj)	mostaqerr	مستقرّ
exploração (f)	esteɣlāl (m)	إستغلال
explorar (vt)	estaɣall	إستغلّ
racismo (m)	ʿonṣoriya (f)	عنصريّة
racista (m)	ʿonṣory (m)	عنصري
fascismo (m)	faʃiya (f)	فاشيّة
fascista (m)	fāʃy (m)	فاشي

194. Países. Diversos

estrangeiro (m)	agnaby (m)	أجنبي
estrangeiro (adj)	agnaby	أجنبي
no estrangeiro	fel χāreg	في الخارج
emigrante (m)	mohāger (m)	مهاجر
emigração (f)	hegra (f)	هجرة
emigrar (vi)	hāgar	هاجر
Ocidente (m)	el ɣarb (m)	الغرب
Oriente (m)	el ʃarʾ (m)	الشرق
Extremo Oriente (m)	el ʃarʾ el aqṣa (m)	الشرق الأقصى
civilização (f)	ḥaḍāra (f)	حضارة
humanidade (f)	el baʃariya (f)	البشريّة
mundo (m)	el ʿālam (m)	العالم
paz (f)	salām (m)	سلام
mundial (adj)	ʿālamy	عالمي
pátria (f)	waṭan (m)	وطن
povo (população)	ʃaʿb (m)	شعب
população (f)	sokkān (pl)	سكّان
gente (f)	nās (pl)	ناس
nação (f)	omma (f)	أمّة
geração (f)	gīl (m)	جيل
território (m)	arḍ (f)	أرض
região (f)	manteʾa (f)	منطقة
estado (m)	welāya (f)	ولاية
tradição (f)	taʾlīd (m)	تقليد
costume (m)	ʿāda (f)	عادة
ecologia (f)	ʿelm el bīʾa (m)	علم البيئة
índio (m)	hendy aḥmar (m)	هندي أحمر
cigano (m)	ɣagary (m)	غجري

cigana (f)	ɣagariya (f)	غجريّة
cigano (adj)	ɣagary	غجري
império (m)	embraṭoriya (f)	إمبراطورية
colônia (f)	mosta'mara (f)	مستعمرة
escravidão (f)	'obūdiya (f)	عبودية
invasão (f)	ɣazw (m)	غزو
fome (f)	magā'a (f)	مجاعة

195. Grupos religiosos mais importantes. Confissões

religião (f)	dīn (m)	دين
religioso (adj)	dīny	ديني
crença (f)	emān (m)	إيمان
crer (vt)	aman	أمن
crente (m)	mo'men (m)	مؤمن
ateísmo (m)	el elḥād (m)	الإلحاد
ateu (m)	molḥed (m)	ملحد
cristianismo (m)	el masīḥiya (f)	المسيحيّة
cristão (m)	mesīḥy (m)	مسيحي
cristão (adj)	mesīḥy	مسيحي
catolicismo (m)	el kasolekiya (f)	الكاثوليكيّة
católico (m)	kasolīky (m)	كاثوليكي
católico (adj)	kasolīky	كاثوليكي
protestantismo (m)	brotestantiya (f)	بروتستانتية
Igreja (f) Protestante	el kenīsa el brotestantiya (f)	الكنيسة البروتستانتية
protestante (m)	brotestanty (m)	بروتستانتي
ortodoxia (f)	orsozeksiya (f)	الأرثوذكسيّة
Igreja (f) Ortodoxa	el kenīsa el orsozeksiya (f)	الكنيسة الأرثوذكسيّة
ortodoxo (m)	arsazoksy (m)	أرثوذكسي
presbiterianismo (m)	maʃīxiya (f)	مشيخية
Igreja (f) Presbiteriana	el kenīsa el maʃīxiya (f)	الكنيسة المشيخية
presbiteriano (m)	maʃīxiya (f)	مشيخية
luteranismo (m)	el luseriya (f)	اللوثرية
luterano (m)	luterriya (m)	لوثرية
Igreja (f) Batista	el kenīsa el me'medaniya (f)	الكنيسة المعمدانية
batista (m)	me'medāny (m)	معمداني
Igreja (f) Anglicana	el kenīsa el anʒlekaniya (f)	الكنيسة الإنجليكانية
anglicano (m)	enʒelikāny (m)	أنجليكاني
mormonismo (m)	el moromoniya (f)	المورمونية
mórmon (m)	mesīḥy mormōn (m)	مسيحي مرمون
Judaísmo (m)	el yahūdiya (f)	اليهودية
judeu (m)	yahūdy (m)	يهودي

budismo (m)	el būziya (f)	البوذية
budista (m)	būzy (m)	بوذي
hinduísmo (m)	el hindūsiya (f)	الهندوسية
hindu (m)	hendūsy (m)	هندوسي
Islã (m)	el islām (m)	الإسلام
muçulmano (m)	muslim (m)	مسلم
muçulmano (adj)	islāmy	إسلامي
xiismo (m)	el mazhab el ʃeeʿy (m)	المذهب الشيعي
xiita (m)	ʃeeʿy (m)	شيعي
sunismo (m)	el mazhab el sunny (m)	المذهب السنّي
sunita (m)	sunni (m)	سنّي

196. Religiões. Padres

padre (m)	kāhen (m)	كاهن
Papa (m)	el bāba (m)	البابا
monge (m)	rāheb (m)	راهب
freira (f)	rāheba (f)	راهبة
pastor (m)	ʾessīs (m)	قسّيس
abade (m)	raʾīs el deyr (m)	رئيس الدير
vigário (m)	viqār (m)	فيقار
bispo (m)	asqof (m)	أسقف
cardeal (m)	kardinal (m)	كاردينال
pregador (m)	mobasʃer (m)	مبشّر
sermão (m)	tabʃīr (f)	تبشير
paroquianos (pl)	raʿyet el abraʃiya (f)	رعية الأبرشية
crente (m)	moʾmen (m)	مؤمن
ateu (m)	molḥed (m)	ملحد

197. Fé. Cristianismo. Islão

Adão	ʾādam (m)	آدم
Eva	ḥawwāʾ (f)	حوّاء
Deus (m)	allah (m)	الله
Senhor (m)	el rabb (m)	الربّ
Todo Poderoso (m)	el qadīr (m)	القدير
pecado (m)	zanb (m)	ذنب
pecar (vi)	aznab	أذنب
pecador (m)	mozneb (m)	مذنب
pecadora (f)	mozneba (f)	مذنبة
inferno (m)	el gaḥīm (f)	الجحيم
paraíso (m)	el ganna (f)	الجنّة

Jesus	yasūʿ (m)	يسوع
Jesus Cristo	yasūʿ el masīḥ (m)	يسوع المسيح
Espírito (m) Santo	el rūḥ el qods (m)	الروح القدس
Salvador (m)	el masīḥ (m)	المسيح
Virgem Maria (f)	maryem el ʿazrāʾ (f)	مريم العذراء
Diabo (m)	el ʃayṭān (m)	الشيطان
diabólico (adj)	ʃeyṭāny	شيطاني
Satanás (m)	el ʃayṭān (m)	الشيطان
satânico (adj)	ʃeyṭāny	شيطاني
anjo (m)	malāk (m)	ملاك
anjo (m) da guarda	malāk ḥāres (m)	ملاك حارس
angelical	malāʾeky	ملائكي
apóstolo (m)	rasūl (m)	رسول
arcanjo (m)	el malāk el raʾīsy (m)	الملاك الرئيسي
anticristo (m)	el masīḥ el daggāl (m)	المسيح الدجّال
Igreja (f)	el kenīsa (f)	الكنيسة
Bíblia (f)	el ketāb el moqaddas (m)	الكتاب المقدّس
bíblico (adj)	tawrāty	توراتي
Velho Testamento (m)	el ʿahd el ʾadīm (m)	العهد القديم
Novo Testamento (m)	el ʿahd el gedīd (m)	العهد الجديد
Evangelho (m)	engīl (m)	إنجيل
Sagradas Escrituras (f pl)	el ketāb el moqaddas (m)	الكتاب المقدّس
Céu (sete céus)	el ganna (f)	الجنّة
mandamento (m)	waṣiya (f)	وصيّة
profeta (m)	naby (m)	نبي
profecia (f)	nobūʾa (f)	نبوءة
Alá (m)	allah (m)	الله
Maomé (m)	moḥammed (m)	محمّد
Alcorão (m)	el qorʾān (m)	القرآن
mesquita (f)	masged (m)	مسجد
mulá (m)	mullah (m)	ملا
oração (f)	ṣalāh (f)	صلاة
rezar, orar (vi)	ṣalla	صلّى
peregrinação (f)	ḥagg (m)	حج
peregrino (m)	ḥagg (m)	حاج
Meca (f)	makka el mokarrama (f)	مكة المكرّمة
igreja (f)	kenīsa (f)	كنيسة
templo (m)	maʿbad (m)	معبد
catedral (f)	katedraʾiya (f)	كاتدرائية
gótico (adj)	qūṭy	قوطي
sinagoga (f)	kenīs (m)	كنيس
mesquita (f)	masged (m)	مسجد
capela (f)	kenīsa saɣīra (f)	كنيسة صغيرة
abadia (f)	deyr (m)	دير

convento (m)	deyr (m)	دير
monastério (m)	deyr (m)	دير
sino (m)	garas (m)	جرس
campanário (m)	borg el garas (m)	برج الجرس
repicar (vi)	da''	دق
cruz (f)	ṣalīb (m)	صليب
cúpula (f)	'obba (f)	قبّة
ícone (m)	ramz (m)	رمز
alma (f)	nafs (f)	نفس
destino (m)	maṣīr (m)	مصير
mal (m)	ʃarr (m)	شرّ
bem (m)	xeyr (m)	خير
vampiro (m)	maṣṣāṣ demā' (m)	مصّاص دماء
bruxa (f)	sāḥera (f)	ساحرة
demônio (m)	ʃeṭān (m)	شيطان
espírito (m)	roḥe (m)	روح
redenção (f)	takfīr (m)	تكفير
redimir (vt)	kaffar 'an	كفّر عن
missa (f)	qedās (m)	قداس
celebrar a missa	'ām be xedma dīniya	قام بخدمة دينية
confissão (f)	e'terāf (m)	إعتراف
confessar-se (vr)	e'taraf	إعترف
santo (m)	qeddīs (m)	قدّيس
sagrado (adj)	moqaddas (m)	مقدّس
água (f) benta	maya moqaddesa (f)	ماية مقدّسة
ritual (m)	ʃa'ā'er (pl)	شعائر
ritual (adj)	ʃa'ā'ery	شعائري
sacrifício (m)	zabīḥa (f)	ذبيحة
superstição (f)	xorāfa (f)	خرافة
supersticioso (adj)	mo'men bel xorafāt (m)	مؤمن بالخرافات
vida (f) após a morte	axra (f)	الآخرة
vida (f) eterna	ḥayat el abadiya (f)	حياة الأبدية

TEMAS DIVERSOS

198. Várias palavras úteis

ajuda (f)	mosaʿda (f)	مساعدة
barreira (f)	ḥāgez (m)	حاجز
base (f)	asās (m)	أساس
categoria (f)	feʾa (f)	فئة
causa (f)	sabab (m)	سبب
coincidência (f)	ṣodfa (f)	صدفة
coisa (f)	ḥāga (f)	حاجة
começo, início (m)	bedāya (f)	بداية
cômodo (ex. poltrona ~a)	morīḥ	مريح
comparação (f)	moqarna (f)	مقارنة
compensação (f)	taʿwīḍ (m)	تعويض
crescimento (m)	nomoww (m)	نمو
desenvolvimento (m)	tanmeya (f)	تنمية
diferença (f)	farʾ (m)	فرق
efeito (m)	taʾsīr (m)	تأثير
elemento (m)	ʿonṣor (m)	عنصر
equilíbrio (m)	tawāzon (m)	توازن
erro (m)	χaṭaʾ (m)	خطأ
esforço (m)	mag-hūd (m)	مجهود
estilo (m)	oslūb (m)	أسلوب
exemplo (m)	mesāl (m)	مثال
fato (m)	ḥaʾʾa (f)	حقيقة
fim (m)	nehāya (f)	نهاية
forma (f)	ʃakl (m)	شكل
frequente (adj)	motakarrer (m)	متكرّر
fundo (ex. ~ verde)	χalefiya (f)	خلفية
gênero (tipo)	nūʿ (m)	نوع
grau (m)	daraga (f)	درجة
ideal (m)	mesāl (m)	مثال
labirinto (m)	matāha (f)	متاهة
modo (m)	ṭarīʾa (f)	طريقة
momento (m)	laḥza (f)	لحظة
objeto (m)	mawḍūʿ (m)	موضوع
obstáculo (m)	ʿaqaba (f)	عقبة
original (m)	aṣl (m)	أصل
padrão (adj)	ʿādy -qeyāsy	عادي، قياسي
padrão (m)	ʾeyās (m)	قياس
paragem (pausa)	estrāḥa (f)	إستراحة
parte (f)	gozʾ (m)	جزء

partícula (f)	goz' (m)	جزء
pausa (f)	estrāḥa (f)	إستراحة
posição (f)	mawqef (m)	موّقف
princípio (m)	mabda' (m)	مبدأ

problema (m)	moʃkela (f)	مشكلة
processo (m)	'amaliya (f)	عمليّة
progresso (m)	ta'addom (m)	تقدّم
propriedade (qualidade)	xaṣṣa (f)	خاصّة

reação (f)	radd fe'l (m)	ردّ فعل
risco (m)	moxaṭra (f)	مخاطرة
ritmo (m)	eqā' (m)	إيقاع
segredo (m)	serr (m)	سر
série (f)	selsela (f)	سلسلة

sistema (m)	nezām (m)	نظام
situação (f)	ḥāla (f), waḍ' (m)	حالة، وضع
solução (f)	ḥall (m)	حلّ
tabela (f)	gadwal (m)	جدوّل
termo (ex. ~ técnico)	moṣṭalaḥ (m)	مصطلح

tipo (m)	nū' (m)	نوع
urgente (adj)	mesta'gel	مستعجل
urgentemente	be ʃakl 'āgel	بشكل عاجل
utilidade (f)	manf'a (f)	منفعة

variante (f)	ʃakl moxtalef (m)	شكل مختلف
variedade (f)	exteyār (m)	إختيار
verdade (f)	ḥaТa (f)	حقيقة
vez (f)	dore (m)	دور
zona (f)	mante'a (f)	منطقة